Impressum

© 2009 Peter H. Ditko
Herausgeber:
Deutsche Rednerschule GmbH
Umschlaggestaltung:
Evelyne Ditko

Herstellung und Verlag:
Books on Demand GmbH, Norderstedt
ISBN 9783837081916

Peter H. Ditko

Redner für die Freiheit

Demosthenes, Brandt, v. Weizsäcker & Co.

**Nicht die Taten bewegen die Menschen,
sondern die Worte über die Taten.**
Aristoteles

Wem dieses Buch gewidmet ist.

Nach 30 Jahren „Goldenes Mikrofon" sitze ich an meinen Schreibtisch, um einen Überblick über die Rhetorik unserer Bundesrepublik Deutschland in einem Buch zusammen zu fassen. Aber ich merke sehr schnell: Was wäre ein Überblick ohne die Wurzeln? Und so entschließe ich mich, beides zu vereinigen: Die Wurzeln der Rhetorik im antiken Athen mit den Leistungen der Redner unserer Bundesrepublik Deutschland. Und mir werden beim Schreiben vier Dinge klar:

1. Redner werden nicht geboren, sondern „gemacht".
2. Nur dort, wo es demokratische Strukturen gibt, hat die Rhetorik eine Chance.
3. Redner für die Freiheit zahlen oft einen hohen Preis: Demosthenes nimmt Gift, um seinen Verfolgern zu entgehen. Cicero wird ermordet, Danton stirbt durch die Guillotine, Robespierre, Martin-Luther-King, John- F.- Kennedy sterben durch Attentate, und auch deutsche Redner werden nicht verschont: Wolfgang Schäuble ist durch ein Attentat auf den Rollstuhl angewiesen, und Oskar Lafontaine hat das Trauma seiner Halsverletzung durch einen Messerstich lange mit sich herumgetragen.
4. Ohne diese Redner und Rednerinnen würden wir heute nicht in der Freiheit leben, die uns unser demokratisches Staatsgebilde bietet.

Dieses Buch widme ich daher allen Rednern und Rednerinnen, die ihre Kraft für unsere Freiheit eingesetzt haben bzw. weiter einsetzen werden.

Peter H. Ditko
Deutsche Rednerschule GmbH
Gründer und Leiter

Inhaltsverzeichnis Seite

Der junge Demosthenes vor Gericht 9
Athen 366 v.Chr.
Die Gründungsidee „Rednerschule" 14
Bonn 1978 n.Chr.
Demosthenes und das „Redeschwert" 19
Athen 366 v.Chr.
|Praxis Tipps!| Redeangst 22
Wie vermeide ich Redestress?
Der „Förderkreis politische Rhetorik" 26
Bonn, 1.09.1978 n.Chr.
Die vier „Philippischen Reden" 30
Athen 354 n.Chr.
Das „Goldene Mikrofon" 35
Bonn 1979 – 1983 n.Chr.
|Praxis Tipps!| Ganzheitliche Rhetorik 47
Wie rede ich unterhaltsam und behaltsam?
Das „Goldene Mikrofon" 49
Bonn 1985 - 1989 n.Chr.
|Praxis Tipps!| Körpersprache u. Outfit 66
Wie spricht der Körper und was sagen Farben?
Das „Goldene Mikrofon" 68
Bonn 1991 bis 2007 n.Chr.
Die „Kranzrede" 91
Athen 340 v.Chr.
|Praxis Tipps!| Argumentation nach Toulmin 97
Wie argumentiere ich logisch?

Die Redewettstreite für politische Junioren 102
Bonn, 18.03.1987 n.Chr.
Demosthenes und die „schwarzen Konten" 109
Athen 324 v.Chr.
Die Redewettstreite für MdB's 113
Bonn, 16.01.1996 n.Chr.
Der Weg der Rhetorik 119
Athen, Rom, Paris, London, Washington, Berlin
340 v.Chr. bis 2009 n.Chr.
30 Jahre Förderkreis 129
phoenix Fernsehrunde in Berlin
Literaturliste 130

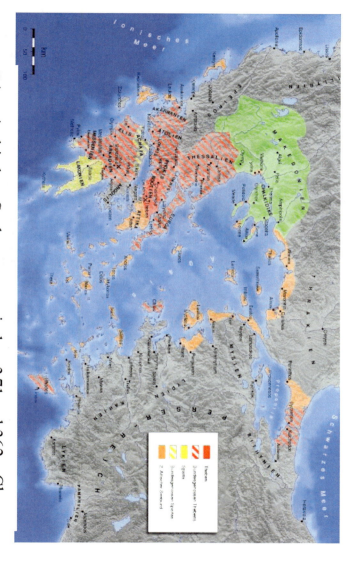

Die griechischen Stadtstaaten zwischen 371 und 362 v.Chr.

Demosthenes
★ 384 v.Chr.
† 322 v.Chr.

Der junge Demosthenes vor Gericht

Athen 366 v.Chr.

Ein junger Mann, gerade 18 Jahre geworden, sitzt auf einem wackeligen Stuhl und wartet - als Ankläger - auf seinen Redeauftritt vor dem Athener Gericht. Sein Name ist: Demosthenes. Es ist ein Gericht mit 201 ausgelosten Geschworenen und über 200 Zuhörern. Wie üblich, hat der Ankläger bereits Beweismittel, Gesetzestexte und Zeugenaussagen eingereicht und ein Verfahren vor dem Schiedsgericht hatte auch schon, ohne Ergebnis, stattgefunden. Worum geht es?

Als Demosthenes sieben Jahre alt ist, verstirbt plötzlich sein Vater. Dieser, ein wohlhabender Unternehmer, besitzt eine gut laufende Waffenmanufaktur. Da Demosthenes noch zu jung ist, um das beträchtliche Erbe direkt zu verwalten - es ist allein an Barvermögen 14 Talente vorhanden - werden einige Vormünder eingesetzt. Diese haben zwischenzeitlich das Unternehmen heruntergewirtschaftet und das Barvermögen bis auf 2 Talente aufgebraucht. Nun erst, als mündiger Bürger Athens, darf Demosthenes seine Anschuldigungen vor Gericht vortragen und zwar, wegen der Höhe der Anklage, muss er jeden Vormund einzeln verklagen. Nun also ist Aphobos als erster an der Reihe.

Und wie ist die Situation in Athen?

Es ist eine Zeit, in der die politischen Verhältnisse turbulent sind: Theben hatte unter Pelopidas und Epiminondas Macht gewonnen, war aber nach deren Tod wieder zurückgefallen, Athen hatte seinen zweiten Seebund aufgebaut, der beinahe 70 Städte umfasst (377). Doch schon in den folgenden Jahren laufen diesem Bund die meisten Städte weg, und es ist auch später im Bundesgenossenkrieg nicht möglich, diesen wieder aufzubauen. Im Westen drängen die Karthager und im Osten befindet sich das persische Weltreich, wohl der gefürchteste Feind der meisten Athener. Im Norden entwickelt Makedonien eine neue Macht, dessen Königsgeschlecht sich zwar als Hellenen ausgibt, aber von diesen als Barbaren angesehen wird. Trotz dieser politischen Zerrissenheit hat sich wieder ein bemerkenswerter Wohlstand eingestellt, und das Volk ist edlen Genüssen weitgehend zugewendet.

Zurück zum Gerichtshof und zu Demosthenes: Am liebsten würde er jetzt weglaufen, denn er ist sicherlich nicht der körperlich stärkste. Das war er nie, und so hänselten ihn seine Kameraden und Freunde häufig „Muttersöhnchen" oder später noch „Wassertrinker". Aber seine Mutter hatte Wert auf eine gute Schulbildung gelegt: Lesen, Schreiben, Rechnen, Gesang, Tanz – nur der Sport lag ihm nicht. So blieb er den städtischen Sportplätzen, den Gymnasien, die 2 Kilometer außerhalb des Stadtmauerrings lagen, weitgehend fern. Auf diesen Sportstädten bereitete Athen seine Jugend auf die mit 18 Jahren wahrzunehmende Wehrpflicht vor. Aber er hörte schon in seiner Jugend Plato und Aristoteles und interessierte sich vornehmlich für jede Art von schöngeistiger Literatur.

Nun sitzt er hier, innerlich zitternd und nach Luft schnappend, denn gegen den Spruch des Geschworenengerichts gibt es keine Berufungsmöglichkeit. Seine Zukunft hängt vom Ausgang dieses Verfahrens ab, und hier geht alles sehr protokollarisch: Sowohl Ankläger als auch Beschuldigter müssen ihre Plädoyers in einer genau vorgegebenen Zeit vortragen, überzeugend und sicher, denn es gilt die Geschworenen von der Richtigkeit des eigenen Standpunktes zu überzeugen. Allzu professionell wirkende Raffinesse und rhetorische Kunstfertigkeit sind nur in begrenzter Dosierung sinnvoll. Dagegen sind Ruhe, Sicherheit und die Darstellung persönlicher Leistungen angebracht. Am Ende gilt es dann eine wirkungsvolle Zusammenfassung und einen gut inszenierten Appell an die Geschworenen zu richten. Alles in allem also eine anspruchsvolle Aufgabe für einen 18jährigen, der seine Rede zwar auswendig gelernt hat, aber noch niemals in seinem Leben vor einem so großen Zuhörerkreis aufgetreten ist.

Der Mund wird trocken, sein Atem immer schneller und das Herz scheint zu platzen. Immer wieder ruft er sich seine Eingangssätze in Erinnerung und versucht die völlig verkrampfte Muskulatur zu entspannen. Da hört er seinen Namen, und es gibt nun kein zurück. Wie ein Roboter besteigt er die Rednerbühne, verneigt sich vor dem Gericht und beginnt mit den Anredefloskeln. Er ringt nach Worten und bekommt die gelernten Sätze nicht mehr zusammen. Immer häufiger greift er zu Worthülsen und seine „Ähs" purzeln ihm aus dem Munde - unaufhaltsam. Die Zuhörer, anfänglich noch von seiner Jugend geleitet, beginnen schon vereinzelt zu murmeln und zu lachen. Das steigert seine Angst und er spricht immer leiser und undeutlicher. Ganz schlimm reagieren seine Hals- und Schultermuskeln – sie beginnen sich zu verhärten und seine rechte Schulter zuckt, als würde sie von heißen Eisenstäben malträtiert. Aber auch weglaufen kann er nicht mehr – die Beine gehorchen nicht mehr. So schafft er nur mühsam seine Rede zum Ende zu bringen und verlässt unter dem Gelächter vieler Zuschauer die Rednerbühne. Schweißüberströmt und voller Scham gelingt es ihm, seinen Platz zu erreichen, und er ist froh als schon bald die Gerichtssitzung geschlossen wird.

Niedergeschmettert schleicht er nach Hause, wo ihn schon ein befreundeter Schauspieler erwartet, der seinen Auftritt verfolgt hatte. „Der Inhalt deiner Rede war gut. Es ist nur schade, dass du das alles nicht zur Geltung bringen konntest." Und er fordert ihn auf, ihm eine Stelle aus einem Schauspiel von Sophokles vorzutragen. Und Demosthenes folgt der Aufforderung, denn er war immer schon ein folgsamer Schüler gewesen. Am Ende sagt dann sein Freund zu ihm: „Ich will dir diese Stelle einmal vortragen", und er spricht sie mit solcher Vollendung, dass Demosthenes es nicht für möglich hält, dass es sich um dieselbe Stelle handelt. „Jetzt ist es mir klar: Das Wichtigste bei der Rede ist die Vortragsweise, und das werde ich ab jetzt lernen."

Das Stammhaus der Deutschen Rednerschule

Die Gründungsidee „Rednerschule"

Bonn 1978 n.Chr.

Es ist später Nachmittag im Frühjahr 1978. Peter H. Ditko, ein 35jähriger Kommunikationstrainer, ist auf dem Weg zum Deutschen Bundestag. Er hat einen Termin bei der parlamentarischen Geschäftsführerin der Sozialdemokratischen Partei. Sein Ziel: Die Gründung einer Rednerschule in Bonn.

Die Redner der „ersten Stunde" haben bereits in den 29 Jahren nach Ausrufung des Grundgesetzes beträchtliches geleistet. Konrad Adenauer, oft „der Fuchs" genannt, wirkt durch seinen rheinländischen Dialekt und auch durch sein Alter – er ist ja immerhin schon 73 Jahre, als er zum Bundeskanzler gewählt wird. Er hat viel Erfahrung als ehemaliger Oberbürgermeister von Köln sammeln können und gilt als väterlicher Garant einer westorientierten, gesicherten Zukunft. Nie hat ihm das Volk vergessen, dass er über 10.000 Männer aus der sibirischen Kriegsgefangenschaft nach Hause geholt hatte. Ihm, als Bundeskanzler gegenüber, steht von Beginn an zwischen 1949 und 1963 ein mitreißender, unbeirrbarer und willensstarker Redner der Sozialdemokratischen Partei: Kurt Schumacher. Im 1. Weltkrieg einen Arm verloren, in der nationalsozialistischen Zeit im KZ und nach dem Krieg 1948 auch noch das linke Bein amputiert. Er kennt die Leiden der Deutschen und bekämpft strikt die Westpolitik Adenauers. Bereits am 24. November 1949 beschimpft er Konrad Adenauer als „Bundeskanzler der Alliierten". Unvergessen auch die Rede von Ernst Reuter, als Regierender Bürgermeister von Berlin, am 9.9.1948 vor der Ruine des Reichstagsgebäudes: „Ihr Völker der Welt, schaut auf diese Stadt." Oder der in Perpignan geborene Carlo Schmid, von 1949 – 1972 im Parlament, den man auch den „Demosthenes der sieben Berge" nennt und der einmal sagte: „Als ich jung war, glaubte ich, Politiker müssen intelligent sein. Jetzt weiß ich, dass Intelligenz wenigstens nicht schadet." Kurt Georg Kiesinger, genannt „Meister Silberzunge" hält zündende Reden in Plenum zwischen 1949 und 1959; später dann von 1969 bis 1980 wird er von seinem Gegenspieler Fritz Erler immer wieder in die rhetorische Zange genommen. Oder Willy Brandt, der bis 1966 Regierender Bürgermeister von Berlin war und der 1969 Bundeskanzler wird. Unvergessen sein Kniefall in Warschau am 7.12.1970. Für seine Ostpolitik erhält er 1971 den Friedensnobelpreis. Nicht zu vergessen Herbert Wehner, den man auch wegen seiner stakato vorgetragenen Kernsätze gerne den „Zuchtmeister" nennt. Er war von Moskau über Schweden nach Deutschland zurückgekommen und seit 1949 im Bundestag. 1966 war er Bundesminister und ab 1969 bis 1982 Vorsitzender der SPD Bundestagsfraktion. Sein Gegenspieler Franz-Josef Strauss beschimpft beim politischen Aschermittwoch die damalige SPD geführte Bundesregierung „einen Saustall ohnegleichen", was zu einem Rechtsstreit mit Willy Brandt führt, der aber später eingestellt wird.

Wir sind jetzt also im Jahre 1978, in der Zeit des 8. Deutschen Bundestages unter seinem Präsidenten Karl Carstens und Bundeskanzler Helmut Schmidt. Schmidt kämpft vehement im Deutschen Bundestag für den NATO Doppelbeschluss mit der Folge: Gründung einer neuen Partei - Die Grünen -.

Ein Jahr erst ist die Ermordung von Hans Martin Schleyer vorbei, und der RAF Terror scheint unaufhaltsam. Die Entführung der Lufthansamaschine Landshut nach Mogadischu und die erfolgreiche Erstürmung der Maschine sind noch immer in den Köpfen der Menschen. Der letzte VW-Käfer läuft vom Band in Wolfsburg und der Erzbischof von Warschau, Kardinal Wojtyla, wird zum Papst Johannes Paul II. gewählt. In dieses Jahr fällt die Idee der Gründung einer Rednerschule in Deutschland.

Wer ist dieser Peter H. Ditko? In den Kriegszeiten 1943 wurde er in Remscheid geboren. - Stalingrad war verloren und die Bombenangriffe auf das Ruhrgebiet hatten begonnen -. Nach Abitur und Bundeswehrdienst entschließt er sich zum Studium der Volkswirtschaftslehre an der Friedrich-Wilhelm-Universität zu Bonn. Der Wunsch des Vaters ist es, dass er in das elterliche Steuerberatungsbüro eintritt, denn dazu, so hatte es der Klassenlehrer den Eltern gesagt, „brauche man nicht gut reden können". Der Auftritt vor der Klasse ist eben nicht seine Stärke, obwohl Deutsch und Geschichte seine Lieblingsfächer sind und er bei Theateraufführungen immer mit auf der Bühne steht. Die Bürgschaft von Schiller kann er mit solcher Inbrunst vortragen, dass er hier immer wieder gefragt ist. Auch Musik ist ein Teil seiner Freizeit. Dieses Talent hat er wohl von seinem Vater geerbt, der als Geiger und auch als Tenor gerne gesehen war. Der Sohn spielt dann auch zuerst Klavier und dann Kontrabass. Er gründet eine Jazz Formation, organisiert Veranstaltungen, so zum Beispiel den ersten Jazztrain der Republik und verdient mit Musik später sein Studium. Diese musischen Talente tragen dann wohl auch dazu bei, den Steuerberaterberuf nicht zu wählen, sondern bei einer großen Versicherungsgesellschaft in Düsseldorf die Aufgabe eines Kommunikationstrainers anzutreten und über 3 Jahre dort Führungskräfte und Mitarbeiter aus- und weiter zu bilden. Er hatte zwar nicht den Steuerberaterberuf gewählt, aber im Elternhause – seine Mutter hatte ein renommiertes Konfektionsgeschäft – die Selbstständigkeit erfahren. Angestellter zu sein ist nicht sein Lebensziel. Und so gründet er, zusammen mit einem älteren Partner, 1973 das „Institut für angewandte Kommunikationswissenschaft" in Bonn. Hier leitet er vornehmlich Seminare für den gesamten deutschen Bankensektor. Didaktik, Methodik und Lehraufgaben kommen seinen Veranlagungen nahe, obwohl es ihn manchmal Schweiß und Angst kostet vor erfahrenen Managern aufzutreten und ihnen, als junger Mensch, Ratschläge und Ziele zu geben. Er nutzt aber auch die Chance, sich insbesondere auf dem Bereich der Rhetorik weiterzubilden: Atem-, Stimm- und Sprechtechniken, Körpersprache und Rededramaturgie sind die Hauptstudiengebiete. Begeistert ist er von dem Buch von Adolf Damaschke „Geschichte der Redekunst" und insbesondere von der darin enthaltenen Lebensgeschichte des Demosthenes.

Mit dieser Begeisterung steht er nun vor dem Eingang III des Deutschen Bundestages in Bonn und fragt sich durch zum Flur der SPD Fraktion. Frau Dr. Timm, die parlamentarische Geschäftsführerin, hört sich die Ideen an und sagt dann: "Ich denke, dass was Sie planen ist zwecklos, denn diejenigen, die als Volksvertreter in Bonn sind, können bereits reden." Mit diesem Schlag hat er nicht gerechnet. Aber er hatte von seiner Mutter gelernt, niemals zu schnell aufzugeben, und so macht er einige Tage später erneut einen Anlauf. Dieses mal bei dem damaligen Leiter des ARD Hauptstadtstudios in Bonn, Friedrich Nowottny. Dieser hat dann auch ein offenes Ohr für den jungen Mann: "Ich will Ihnen wohl gerne helfen, aber ich glaube nicht, dass Sie mit dieser Idee Geld verdienen werden. Ich gebe Ihnen einen Rat: Wenden Sie sich an Franz-Josef Strauss. Wenn er Ihnen hilft, könnten Sie Erfolg haben."

Demosthenes und das „Redeschwert"

Athen 366 v.Chr.

Mit der Vollendung des 18. Lebensjahres beginnt für den jungen Demosthenes nun auch der 2-jährige Wehrdienst – die „Ephebe". Auf Grund der Bürgerliste seiner Heimatgemeinde Paiania wird er in das Aufgebot der Schwerbewaffneten, den sog. Hopliten, aufgenommen. Diese sind die antiken Grenadiere, ausgerüstet mit langen Lanzen und darauf gedrillt, in festen Formationen zu kämpfen. Zu dieser Zeit bleibt Demosthenes allerdings die Kasernierung, wie sie später nach der Niederlage von Chaironeia, eingeführt wurde, erspart. Wohl ist Drill und körperliche Ertüchtigung angesagt, aber die übrigen Lebensgewohnheiten bleiben weitgehend bestehen. Ab und zu werden Ausmärsche unter Waffen in das Umland durchgeführt, oder das Ephebenkorps tritt bei Festen und Feiern, mit schwarzen Militärmänteln und breitkrempigen Hüten bekleidet, glanzvoll auf. Diese Mischung von körperlicher Ertüchtigung und der Herausgehobenheit in der Polis soll die Bereitschaft der jungen Männer wecken, sich als wehrhafte und zugleich patriotische Mitglieder einzugliedern. Dieses zeigt das Gelöbnis: „Ich werde meine heiligen Waffen nicht mit Schande bedecken. Ich werde den Kameraden an meiner Seite nicht im Stich lassen, wo auch immer ich meinen Platz einnehmen werde. Ich werde Besitz und Recht der Götter und der Menschen verteidigen. Ich werde den Vorgesetzten Gehorsam leisten und ebenso den bestehenden Gesetzen und allen, die man zukünftig beschließen wird. Ich werde die von den Vätern er-

erbten Kulte in Ehren halten. Zeugen dieses Eides sind die Gottheiten..." Dieser Wehrdienst ist für Demosthenes und seine zukünftige Entwicklung äußerst wichtig. So erlernt er seinen schwachen Körper zu stärken und durch das Gemeinschaftserlebnis Treue und Glaube an eine freiheitliche Mission Athens aufzubauen. Mit dieser Kraft widmet er sich mehr und mehr der Tätigkeit eines „Logographen" – eines Redenschreibers. Dieser entwickelt nicht nur die Gerichtsreden, sondern trainiert auch die Kläger oder Beklagten in der notwendigen Vortragstechnik. Diese Techniken lernt er insbesondere von Isaios aus Chalkis. Dieser hatte sich schon im ersten Drittel des 4. Jahrhunderts v.Chr. einen guten Namen als Redenschreiber gemacht. Da Demosthenes im Herbst 364 die nun schon 2-jährige Gerichtsklage gegen Aphobos gewinnt und dieser dazu verurteilt wird, die gesamte Schuld zurückzuzahlen, kann er nun ohne Geldsorgen leben. Darüber hinaus führt der Prozessgewinn zu einem immensen Bekanntheitsgrad, so dass er sich über Aufträge als Redenschreiber nicht beklagen kann. So kann er sogar 359 v.Chr. ein kostspieliges Kriegsschiff - eine Trierarchie - der Staatsgemeinschaft zur Verfügung stellen, das von dem Flottenkommandeur sogar zum Flaggschiff ausgewählt wird.

Mit 30 Jahren ist er nun voll in die Gemeinschaft integriert und will nun aufsteigen, vom Logographen – also Redenschreiber – zum Rhetor, also Zivilpolitiker. Das bedeutet: Wahrnehmung von Gerichtsreden vor Gerichten mit mehr als 200 Geschworenen und hunderten von Zuhörern. Und er hat zwischenzeitlich geübt. In seinem Haus hat er einen Kellerraum eingerichtet. Dort übt er seine Reden vor einem Spiegel, um Gestik und Mimik erfolgreich einsetzen zu können. Um sein Nervenzucken zu verhindern, stellt er sich unter ein Schwert, das er an der Decke befestigt hat. Bei jeder Zuckung erleidet er einen stechenden Schmerz durch die Schwertspitze. Nach einigen Monaten hat er das Muskelzucken überwunden. Um seine Aussprache zu verbessern, nimmt er Kieselsteine in den Mund. Ferner legt er sich schwere Bücher auf den Bauch, um seine flache Brustatmung in eine tiefe Zwerchfellatmung umzuformen. Er deklamiert Gedichte während er Berge besteigt und redet gegen die Brandung des Meeres an, um eine tragende Stimme zu bekommen. Seine langen Schachtelsätze lernt er zu vermeiden, indem er die Worte „und - weil, dass" weitgehend aus seinem Sprachschatz vertreibt. Auch das Gehalt für einen Schauspieler investiert er, um seine Vortragstechnik zu vervollkommnen, denn eines ist ihm klar geworden: „Redner werden nicht geboren, sondern gemacht."

| *Praxis Tipps!* | **Redeangst**
- Wie vermeide ich Redestress -

Warum litt Demosthenes bei seinem ersten Auftritt unter enormer Redeangst? Die Gründe sind leicht nachvollziehbar: Die Situation war ungewohnt und er konnte sein Vermögen und aber auch sein Selbstwertgefühl verlieren. Heute bezeichnen wir diese Situation häufig auch als Stress. Und das Problem? Unser Körper reagiert noch wie vor Urzeiten, in denen wir durch Flucht oder Angriff der Gefahr entgehen konnten. Dafür ist jedoch die Mobilisierung aller physischen Kräfte notwendig. Um allerdings Energie freisetzen zu können, benötigt unser System Sauerstoff, in Stresssituationen viel, viel Sauerstoff. Ergebnis: Die Atemtechnik stellt sich von der ruhigen Nasenatmung um auf die hektische Mundatmung. Ergebnis: Wir atmen schneller, die Herzfrequenz steigt und auch der Stoffwechsel wird enorm beschleunigt. Der Körper schaltet auf „Volldampf" und das Gehirn schaltet ab, denn im Augenblick der Gefahr kostet Denken Zeit und die ist nicht vorhanden. Schnelles, automatisches Handeln ist gefordert. Wir nennen dies: Denkblockade. Und so vergisst der Redner seine Inhalte und ist nur noch damit beschäftigt, möglichst schnell zum Ende zu kommen. Aber wer glaubt schon einem Redner, der selber „auf der Flucht" ist?

Was ist zu tun?
1. Bereiten Sie sich gut vor, in dem Sie das Thema voll im Griff haben. Formulieren Sie auch die „Gegenmeinung", damit Sie auf Angriffe gut vorbereitet sind.
2. Üben Sie, möglichst zusammen mit einem Experten.

3. Konzentrieren Sie sich nicht auf die negativen Bilder der Angst, sondern schieben Sie positive Bilder in den Vordergrund.
4. Üben Sie kontinuierlich die notwendige Zwerchfellatmung.

Die Atmung:

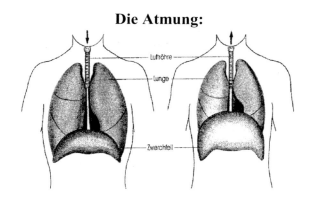

Bei der Atmung geht es im Wesentlichen um den Austausch von Sauerstoff gegen Kohlendioxid. Wir unterscheiden hierbei die Brustatmung von der Zwerchfell- oder Bauchatmung. Da im Brustraum ein Unterdruck herrscht, wird durch die Ausdehnung des Körpers Luft in die Lunge gesogen. Da der Bauchbereich hier mehr Freiraum bietet, im Brustbereich begrenzen die Rippen die Kapazität, ist hier ein größerer Einatmungsbereich vorhanden. Ziel ist es also durch die Nase tief in Brust- und Bauchbereich einzuatmen. Um aber einen optimalen Gasaustausch zu erreichen, kommt es nicht alleine auf die richtige Bauchatmung, sondern besonders auf die optimale Ausatmung an, denn, was nicht ausgeatmet ist kann auch nicht wieder eingeatmet werden. Schnelle Mundatmung fördert daher nicht den Gasaustausch, sondern führt nur zu einem erhöhten Stoffwechsel und damit zur Nervosität.

Einige Tipps:

Rennen Sie nicht nach vorne, sondern gehen Sie ruhig an das Pult und achten Sie auf die Atmung. Fassen Sie das Pult niemals seitlich an. Beginnen Sie nicht sofort mit Ihrer Rede, sondern schauen Sie das Publikum freundlich an. Stehen Sie gerade und nicht auf einem Standbein. Zeigen Sie sofort Ihre Beziehung zum Publikum durch Augenkontakt und eine adäquate Beziehungsgestik. Und wenn Sie während der Rede nervös werden, sollten Sie folgendes Repertoire automatisch abrufen:

Satz beenden und Stimme senken. Tief durch die Nase in den Bauch atmen und Gestik einsetzen. Auf keinen Fall schneller atmen und körperlich erstarren. Um wieder in Fluss zu kommen, den letzten Satz noch einmal wiederholen oder eine rhetorische Frage an die Zuhörer stellen. Das bringt Zeit und hilft den Gedanken, wieder Tritt zu fassen. Üben Sie dieses Repertoire in der Alltagspraxis so oft wie möglich, also immer dann, wenn Sie merken, dass Sie nervös werden. Im Augenblick der wichtigen Rede müssen Sie automatisch richtig handeln. Demosthenes hat seine Redeangst durch Training überwunden, warum nicht auch Sie?

Förderkreisvorstand 1994:
Joschka Fischer, Dr. Heiner Geißler, Rudolf Dreßler, P.H. Ditko

Parlamentarischer Abend in der Landesvertretung NRW 1991:
P.H. Ditko, Fr. Bohl CDU, F. Müntefering SPD, D.-J. Cronenberg FDP

Der „Förderkreis politische Rhetorik"
Bonn, 1.9.1978 n.Chr.

Die Kontakte zu Franz-Josef Strauss sind erfolgreich, und seine Unterstützung geben Peter H. Ditko den Mut zur Gründung der Bonner Redner Schule mit Sitz in der unmittelbaren Nähe des Hauptbahnhofes in Bonn, auf der Meckenheimer Allee 87. Wie Friedrich Nowottny es vorausgesagt hatte: Die Umsätze sind in dieser ersten Zeit sehr mager. Das ist aber auch nicht tragisch, da das „Institut für angewandte Kommunikationswissenschaften" eine gute Einnahmequelle bietet. Die deutschen Banken sind in dieser Zeit dabei, ihre Mitarbeiter vom Bankbeamten zum Kundenberater, trainieren zu lassen. Und dazu benötigt man Spezialisten wie Peter H. Ditko. Zuerst sind es die ehrwürdigen Privatbanken, die dem Zeitgeist folgen. Namen wie, Sal. Oppenheim, Vereinsbank Hamburg, Herstadt, ADCA Bank, Bankhaus Reuschel & Co, Fugger Bank, M.M. Warburg & Co, Castell Bank, Merck Fink & Co etc. Diese Banken haben ein wunderschönes Schulungshotel in Bad Schwartau nahe Travemünde an der Ostsee eingerichtet. Dort führt PHD, wie man in gerne der Einfachheit halber nennt, viele Jahre Seminare für Manager und Kundenberater durch. Dazu kommen dann die Genossenschaften, die im Westdeutschen Genossenschaftsverband auf ein sog. BOSS-System umstellen. Es gibt wohl kaum eine größere oder kleinere Stadt in NRW, die PHD mit seinen Mitarbeitern in dieser Zeit nicht kennen lernt. Es folgen den Genossenschaften die Sparkassen, die, entgegen den Genossenschaften, über wesentlich größere Geschäftseinheiten verfügen. Diese

Erfahrungen im Bankenbereich führen dann auch später dazu, dass er viele Jahre in Bonn mit seiner Rednerschule für die Deutsche Sparkassenakademie tätig ist und die Vorstände vieler Sparkassen rhetorisch aus- bzw. weiterbildet. Das wirtschaftliche Fundament für die Rednerschule ist damit gelegt und gibt die notwendige Stabilität für die nächsten Jahrzehnte.

Für die Arbeit der Rednerschule gibt Franz-Josef Strauss einen guten Rat: „Gründen sie einen „Förderkreises politische Rhetorik", bestehend aus Abgeordneten des Deutschen Bundstages". Am 31. Januar 1979 informiert PHD, alle 518 Abgeordnete über diese Idee und spontan treten mehr als 50 Abgeordnete diesem Förderkreis bei. Unter ihnen sind sowohl „Hinterbänkler" als auch damals schon erfolgreiche Politiker wie Franz Müntefering, zu dieser Zeit Parlamentarischer Geschäftsführer der SPD Fraktion, später dann Bundesminister und Partei- und Fraktionsvorsitzender. Als Vizekanzler im Kabinett von Angela Merkel wird er als Redner durch seine Metaphern, vornehmlich Fußball, bekannt. Seine „Heuschreckenmetapher", und damit meint er die amerikanischen Hedge Fonds, sind monatelang Gesprächsstoff in Politik und Wirtschaft. Auch Sabine Leutheusser-Schnarrenberger, 1992-1996 Bundesminister der Justiz und Dieter-Julius Cronenberg, der spätere langjährige Vizepräsident des Deutschen Bundestages gehörten dazu. Den Vorstand bildete PHD zusammen mit Jürgen Egert, Bundestagsabgeordneter aus Berlin, 1982 Parlamentarischer. Staatssekretär im Bundesministerium für Arbeit und Sozialordnung. Beide organisieren dann die ersten Projekte: Auszeichnung des „Redner des Jahres" mit Verleihung des Goldenen Mikrofons, Begrüßungsveranstaltungen für neue Abgeordnete nach Bundestagswahlen und parlamentarische Abende. Nach dem Ausscheiden von Jürgen Egert aus dem Deutschen Bundestag 1990 übernimmt der Vizepräsident des Deutschen Bundestages, Dieter Julius Cronenberg die Vorstandsfunktion und macht leidenschaftlich gerne bei den nachfolgenden Redewettstreiten für die politischen Nachwuchsorganisationen mit. Er leitet in diesen Veranstaltungen mit viel Engagement und Verständnis für die Jugend die „Bundestagsdebatten". Und auch nach seinem Ausscheiden aus dem Vorstand bleibt er in dieser Funktion dem Förderkreis treu und zwar bis ins Jahr 2004. Nach seinem Ausscheiden aus dem Bundestag 1994 übernimmt Rudolf Dressler, stellv. Vorsitzender der SPD Fraktion und begeisterter Rhetor, den Vorstandsplatz. Er sorgt maßgeblich dafür, dass in seiner Vorstandszeit Dr. Heiner Geissler, Joschka Fischer und Dr. Guido Westerwelle dem Vorstand beitreten.

Am 11.11.1997 erleidet Rudolf Dressler auf der Autobahn Bonn einen beinah tödlichen Autounfall, von dem er sich nur langsam erholt. Er verabschiedet sich dann auch nach seiner Genesung aus der aktiven Bundestagspolitik und geht als Botschafter nach Israel. Nun übernimmt der amtierende Präsident des Deutschen Bundestages, Wolfgang Thierse, diese Vorstandsfunktion, die er dann auch bis 2006 ausübt. In dieser Zeit vergrößert sich der Vorstand: Es kommt der rhetorisch brillante Friedrich Merz. Renate Künast ersetzt den aus Zeitgründen ausgeschiedenen Aussenminister Joschka Fischer und für die damalige PDS und jetzige Linke tritt Dr. Gregor Gysi in den Vorstand ein. Der aus dem Parlament ausgeschiedene Heiner Geißler wird durch den damaligen Ministerpräsident von Bayern, Dr. Edmund Stoiber ersetzt, und in allen diesen Jahren bleibt Peter H. Ditko der Sprecher des Vorstandes und organisiert die Aktivitäten.

Der Politiker braucht Weitblick
Ein amerikanischer Journalist fragte Winston Churchill, über welche Eigenschaften ein Politiker verfügen sollte. Churchill antwortete: „Er muss voraussehen können, was morgen geschehen wird, was in einem Monat geschehen wird und was in einem Jahr geschehen wird. Und dann muss er die Gabe haben, überzeugend zu erklären, warum alles ganz anders gekommen ist."

Die vier „Philippischen Reden"

Athen 354 n.Chr.

[Randnotiz: noch heute sprechen wir bei e. Angriffsrede von einer „Philippi"]

1 Demosthenes, den man jetzt nur noch „den Redner" nennt, hat es mit seinen 30 Jahren geschafft: Er gehört zu den Rhetores, und ab jetzt steht er meistens in eigener Sache auf der Rednerbühne vor der Ekklesia. Die Bedrohung aus dem Norden, aus Makedonien, wird immer fühlbarer und Demosthenes hält flammende Reden, um das Volk von Athen gegen König Philipp in Marsch zu setzen. Die bekanntesten Reden sind die vier „Philippischen Reden, die auch noch die Römer, insbesondere Cicero, beeindruckt haben. Noch heute sprechen wir bei einer Angriffsrede von einer „Philippika". Die erste Philippika hält er zur Jahreswende 350/349 v. Chr. In dieser Rede wendet sich Demosthenes insbesondere gegen das satte Verhalten der Athener Bürger:

„Wollt ihr wirklich nur umhergehen und einander befragen – gibt es etwas Neues? Kann es überhaupt eine größere Neuigkeit geben, als das ein Makedonier die Athener im Krieg bezwingt?" Und er schlägt weiter in diese Kerbe:

"Ihr aber, meine athenischen Mitbürger, die ihr von allen die größte Streitmacht besitzt, ihr nutzt davon bis zum heutigen Tage nicht in angemessener Weise. Ihr führt den Kampf genauso wie ein barbarischer Boxer, der sich immer an die Stelle fasst, an der er gerade getroffen wurde. Dagegen eine neue Taktik zu verwenden, das versteht ihr nicht. Wenn ihr hört, Philipp ist auf Chersones, so schickt ihr dort

---

1 Ekklesia – griech./lat./Theol. griech. christl. Kirche
Ekklesiologie die Lehre von der Kirche

Hilfe hin und wenn ihr hört, er ist an den Thermopylen, dann eben dort hin. Immer lauft ihr hinter ihm her und lasst euch von ihm die Kriegsführung diktieren."

Er setzte sich vehement für eine „Doppelstrategie" ein: In Athen solle man eine rasch mobilisierbare Reservestreitmacht samt Reiterkorps und Schiffen bereithalten und des Weiteren ein Expeditionskorps mit 200 Reitern und 2000 Infanteristen in den nordgriechischen Raum schicken. Nur durch diese Strategie könne dem Machtstreben der Makedonier Einhalt geboten werden. Durchsetzen kann er sich allerdings auch aus Zeitgründen nicht, denn bereits im Herbst/Winter 349 beginnt die Olynthos Krise. König Philipp hatte sich zwischenzeitlich auf der Halbinsel Chakidike durchgesetzt, und nur die Metropole Olynthos leistet noch Widerstand. Demosthenes wendet sich in diesem Konflikt mit drei Reden, den sog. Olynthos Reden, an das Volks von Athen. In der 2. Olynthos Rede prangert er wieder die Lethargie des Volkes von Athen an:

„...doch wir sitzen hier nur herum und unternehmen nichts. Legt man aber selbst nur die Hände in den Schoss, so kann man weder von den Freunden noch von den Göttern Hilfe verlangen. So ist es auch nicht verwunderlich, dass Philipp immer wieder die Oberhand gewinnt, denn er zieht persönlich mit seinem Heer in die Schlacht. Wir dagegen führen Abstimmungen über Abstimmungen durch und es bleibt beim Abwarten auf neue Informationen."

Und Demosthenes behält mit seinen Warnungen recht: Im Spätsommer 348 wird Olynthos vollkommen zerstört, und die Einwohner werden in die Sklaverei verkauft.

Im Jahre 344 v.Chr. ergreift er wieder das Wort und hält seine zweite Philippika. Im Vordergrund steht hier der Systemkonflikt zwischen einer absoluten Monarchie des Königs Philipp und einer bürgerlich-freiheitlichen Verfassung der Athener Gesellschaft. Er warnt eindringlich zur Wachsamkeit gegenüber Makedonien:

„*das Misstrauen, bewahrt es und haltet es fest. Wenn ihr das tut, kann euch nichts Schlimmes passieren. Wonach strebt ihr? Nach Freiheit! Und dann seht ihr nicht, dass bereits die Titel, die Philipp führt, mit Freiheit ganz und gar nichts zu tun haben? Jeder König und jeder Tyrann ist ein Feind dieser Freiheit und ein Gegner jedweder rechtlicher Ordnung.*"

Und am Ende seiner Rede greift er seine Erzfeinde Philokrates und Aischines heftig an, weil diese beim Friedensabschluß mit Philipp das Volk belogen hätten und sich sogar hätten bestechen lassen. Die Sprache des „Redners", so wird er zwischenzeitlich überall genannt, wird rauer, da er die Gefahr des Untergangs Athens sieht.

In den kommenden 3 Jahren hat Demosthenes kaum noch ein Privatleben, da er rastlos durchs Land reist und für seine Idee des Kampfes gegen König Philipp wirbt. Für Gerichtsreden in Privatprozessen ist nun keine Zeit mehr.

Im Sommer 341 v.Chr. hält Demosthenes die 3. Philippische Rede, in der er versucht, alle antimakedonischen Kräfte gegen König Philip zu vereinen. „*Denn…*", so Demosthenes in seiner Rede,

"...König Philipp ist nämlich gar kein Hellene. Er ist nicht einmal ein Barbar, der aus einem Land mit einem ehrenvollen Namen stammt, sondern nichts weiter als ein Schurke aus Makedonien, von wo man früher nicht einmal einen brauchbaren Sklaven kaufen konnte."

König Philipp soll später, als er diese Rede gelesen hatte, gesagt haben: „Ich glaube, wenn ich diese Rede mit angehört hätte, hätte ich selber gegen mich gestimmt." Schon im Herbst desgleichen Jahres hält Demosthenes seine 4. Philippische Rede und setzt auf eine mögliche Kooperation mit dem Perserreich des Grosskönigs Artaxerxes III.

Als Anerkennung seiner Verdienste um die Bildung eines neuen Hellenenbundes wird Demosthenes 340 v.Chr. im Rahmen des Dionysiosfestes im Theater auf großer Bühne der „goldene Ehrenkranz" verliehen.

Das „Goldene Mikrofon"

Das „Goldene Mikrofon"

Bonn 1979 n.Chr.

Wohl die wichtigste Aktivität des Förderkreises ist die Fortführung der Tradition des „Goldenen Kranzes"- gute Redner für ihre rhetorischen Leistungen auszuzeichnen. Zur Jahreswende 1978/79 erhalten alle 516 Bundestagsabgeordneten und 100 in Bonn akkreditierten Journalisten eine Wahlkarte, mit der Bitte um Vorschläge. So ergibt sich dann folgende Namensliste, aufgelistet in alphabetischer Reihenfolge: Ministerpräsident Dr. Ernst Albrecht, Bundesminister Dr. Apel - bekannt für den Ausspruch „mich tritt ein Pferd", Prof. Dr. Kurt Biedenkopf, Dr. Otto Graf Lambsdorf, Bundeskanzler Helmut Schmidt, Dr. Jürgen Todenhöfer, Karsten D. Voigt und Matthias Wissmann. Prädestiniert für die Auszeichnung ist Helmut Schmidt, bekannt für seine präzise Formulierung und auch für harte Debattenrhetorik. Nicht umsonst wird er gerne hinter verdeckter Hand „Schmidt Schnauze" genannt. Er hat viel mit Demosthenes gemeinsam, denn er liebt die Wort für Wort vorbereitete Manuskriptrede. Jedes Wort muss sitzen - das hat dann auch wohl viele seiner Redenschreiber in Argumentationsnot gebracht. Und auch er kämpft vehement für den Nato-Doppelbeschluss, so wie es auch Demosthenes über 2.400 Jahre vor ihm mit seiner Doppelstrategie praktiziert hatte. Nur, Helmut Schmidt ist Hanseat, und von ihm ist bekannt, dass er Orden und Auszeichnungen für sich ablehnt. Schade, denn er hätte die Auszeichnung verdient.

Helmut Schmidt

ist bekannt dafür, dass er die von seinen Redeschreibern angefertigten Manuskripte, meistens am Vorabend der Rede, Wort für Wort überarbeitet. Ein Beispiel ist dieser Teil einer Regierungserklärung. Im oberen Teil ersetzt er „diese" durch „unsere", eine Möglichkeit, Beziehung herzustellen und die Redundanz „Erde" durch „Welt". Dann greift er meisterhaft zu einem Stilmittel der Bildhaftigkeit und macht aus einem Gespräch ein „nächtliches Gespräch" und versetzt dieses dann auf den Nil. Die Negativbotschaft „ermordet" streicht er wieder. Danach streicht er auch das Stolperwort „praktizierenden" und formuliert den Restsatz um. Direkte Formulierungen sind ihm wichtig. Auch der letzte Satz dieser Manuskriptseite ist mit seiner Strukturänderung wesentlich besser zu sprechen. Nachts wird das Manuskript dann neu geschrieben und am kommenden Morgen brillant von ihm vorgetragen.

Handschriftlich korrigiertes Manuskript von Alt-Bundeskanzler Helmut Schmidt

- 6 -

den Arbeitern und der Arbeit gewidmet hat - der Arbeit als gestaltender Kraft im Dienst der Gemeinschaft. ~~Das ist unsere Chance.~~ Wenn wir unsere Kraft einsetzen für die Gemeinschaft, rücksichtsvoll gegenüber den Menschen und gegenüber der Natur, dann dürfen wir hoffen, dass weder ~~diese~~ *unsere* Erde, noch die Menschen ~~dieser~~ *auf der Welt* noch ~~auch~~ die sittlichen und ethischen Werte untergehen, die in Jahrtausenden entstanden sind. *Ich werde nie das nächtliche Gespräch auf dem Nil vergessen, in dem* [*Hier fängt Kapitel I an*] ~~Meine Damen und Herren~~ *mein ermordeter Freund Anwar el Sadat und auseinandersetzte, wie sehr die drei großen Religionen, bei Juden, bei Christen und bei Muslims aus gleicher geistlicher Quellen fließen und wie weitgehend ihre Grundwerte übereinstimmen.* Sehen Sie es bitte einem ~~praktizierenden~~ Politiker nach, wenn er für einen Augenblick ~~versucht sich~~ sich von der Tagespolitik ~~zu lösen~~ *löst*. Wenn ich jetzt über unsere Wirtschaft spreche ~~auch über~~ *und* unsere Gesellschaft, dann möchte ich ~~es~~ - im

...

Redner des Jahres 1979: Prof. Dr. Kurt Biedenkopf

Daher einigt sich der Förderkreis auf Prof. Dr. Kurt Biedenkopf. Er hat Rechtswissenschaften und Nationalökonomie in München und Frankfurt studiert und auch dort 1958 promoviert. Nach weiteren Studien in den USA habilitert er 1963 in Frankfurt und ist 1967 - 1969 Rektor der Ruhr Universität Bochum. Seit 1973 - 1977 ist er Generalsekretär der CDU unter Kohl und auch seit 1976 Mitglied im Deutschen Bundestag. Er ist ein logischer, kompetenter und auch angriffsstarker Rhetor, besonders bekannt als „Querdenker".

Präzise Formulierungen, klare Standpunkte, kaum Versprecher. In seiner Eigenschaft als Generalsekretär versteht er sich allerdings weniger als „Sekretär" sondern eher als „General". Das ist nun wirklich nichts für den Aufsteiger und Machtmenschen Helmut Kohl. Und so sagt später auch Biedenkopf über Kohl:
"Die Union hatte mit Helmut Kohl lange Zeit eine große Eiche. Unter solchen Bäumen wächst wenig nach." Biedenkopf, ein erfahrener, kluger Denker kann unter diesem Baum mit seinen Talenten nicht wachsen.

Daher verlässt er 1980 den Bundestag und kämpft nun im Landtag Düsseldorf gegen Johannes Rau, allerdings ohne zu gewinnen. Nach der Wende erkennt er sehr schnell die Chancen im wiedervereinten Osten und wird am 1990 zum Ministerpräsidenten des Freistaates Sachsen gewählt, wo er dann später gerne „König Kurt" genannt wird. Jetzt, am 21. Februar 1980 wird er als erster Rhetor der Bundesrepublik Deutschland in der Parlamentarischen Gesellschaft zu Bonn mit dem „Goldenen Mikrofon" geehrt.

Biedenkopf ist Hochschullehrer und daher nicht an Applaus während seiner Reden gewöhnt. Also versucht er jeden Zwischenapplaus schon im Keim zu ersticken. In einem Gespräch während seiner Düsseldorfer Zeit macht PHD ihn darauf aufmerksam. Biedenkopf scheint aber auf diesen Rat wenig Wert zu legen. Erst lange Zeit später erzählt ein Mitarbeiter, dass Biedenkopf nach diesem Gespräch seinem Fahrer vor Reden eine Strichliste in die Hand gedrückt habe, auf der er die Anzahl von Applaus zu notieren hatte. Eine sehr empfehlenswerte Idee.

Was wir von ihm lernen können?
Wer reden lernen will, benötigt Feed-back.

Redner des Jahres 1980: Dr. Otto Graf Lambsdorff

Bereits ein Jahr später, am 10.2.81 am gleichen Ort, wird der damalige Bundesminister für Wirtschaft unter Helmut Schmidt, und später dann wieder unter Helmut Kohl, Dr. Otto Graf Lambsdorff, mit dem Goldenen Mikrofon ausgezeichnet. Er ist bekannt für treffende plakative Aussagen - seine Aussage während eines Asienaufenthaltes: „die Deutschen sind faul" erregte später großes Aufsehen. Auch Humor setzt er gezielt und überzeugend ein.

So versuchte in einer Bundestagdebatte ein Abgeordneter ihn zu einer klaren „Ja" oder „Nein" Antwort zu bewegen. Lambsdorff konnte diese aber nicht geben. So wartet er dann auf eine Gelegenheit, in der dieser Kollege seinerseits am Rednerpult steht und stellt ihm die Frage: "Herr Kollege, haben Sie eigentlich aufgehört Ihre Frau zu schlagen?" Nun hat Lambsdorff seine Revanche, denn diese Frage kann der Kollege nicht mit Ja oder Nein beantworten.

Meistens hat er einen Stichwortzettel dabei, so dass er, der gerne frei redet, doch immer einen „Gedankenfahrplan" hat. Er, der ein großer Verfechter der Marktwirtschaft ist und es auch immer bleibt, liebt den graden Weg. Für seine Gegner sehr unbequem und oft kantig.

Was wir von ihm lernen können?
Wer überzeugend reden will, benötigt klare Gedanken und Botschaften.

Redner des Jahres 1981: Dr. Rainer Barzel

Redner des Jahres 1981 ist Dr. Rainer Barzel. Er ist der jüngste Minister im Kabinett Adenauer 1962 und in der Zeit von 1957 - 1987 Mitglied des Deutschen Bundestages. Begonnen hat seine rhetorische Karriere als Redenschreiber des Ministerpräsidenten von Nordrhein-Westfalen, Karl Arnold. Besonders in der Erinnerung bleibt sein gescheitertes Misstrauensvotum gegen Willy Brandt. Er kann sich auch später dann als Kanzlerkandidat nicht durchsetzen.

1983, also 2 Jahre nach seiner rhetorischen Auszeichnung, wird er zum Präsident des Deutschen Bundestages gewählt. Sein Credo: „Der Sieg folgt immer der Hoffnung und diese dem Glauben." Barzel kann frei und trotzdem druckreif reden. Betonung, variable Stimme, logische Argumentation und oft gezielte, beißende Ironie sind seine Markenzeichen.

Was wir von ihm lernen können?
Nicht allein das Können entscheidet über den Erfolg, auch muss eine Portion Glück im richtigen Moment dazukommen.

Verleihung des „Goldenen Mikrofons" an Johannes Rau

Redner des Jahres 1983: Johannes Rau

Das Goldene Mikrofon 1983 erhält der amtierende Ministerpräsident von Nordrhein Westfalen und Bundesratspräsident Johannes Rau. Als Sohn eines Predigers in Wuppertal geboren, sind seine Reden immer wieder mit Bibelzitaten angefüllt. Aus diesem Grunde wird er auch gerne „Bruder Johannes" genannt. Sein Motto „Versöhnen statt spalten" führt die Menschen immer wieder zu christlichen Werten, auch dann, als er 1999 zum Bundespräsident gewählt wird. In Berlin führt er die von seinem Vorgänger Roland Herzog eingerichtete Tradition der „Berliner Reden" fort und erinnert immer wieder an die Werte unserer Demokratie. Seine letzte Berliner Rede hat den Titel „Vertrauen in Deutschland„ - eine Ermutigung. Einer seiner liebsten Sprüche, und davon gibt es in seinen Reden viele, ist: "Man muss die Bibel lesen, damit man die Zeitung versteht."

Was wir von ihm lernen können? Ein Redner muss die Herzen der Menschen erreichen, nicht nur den Verstand.

Johannes Rau
nimmt es genau mit seinen Worten. Immer wieder bemängelt er in seinen Vorlagen, hier Ausschnitte aus seiner Rede vom 7.11.1986 vor der AGS-Bundeskonferenz, Stellen der Ungenauigkeiten und fordert Exaktheit und Quellen. Kumpelhaft klingende Ansprachen vermeidet er. Wie von Weizsäcker benutzt er gerne ein handliches DIN A 5 Manuskript, wobei er allerdings nicht so „spartanisch" reduziert wie v. Weizsäcker.

Handschriftlich korrigiertes Manuskript von Johannes Rau

- 18 -

Und noch etwas: Die Rekordhöhen in der Steuer- und Abgabenbelastung gefährden zusätzlich kleine und mittlere Unternehmen dadurch, ~~weil~~ daß das Schwarzarbeit und Schattenwirtschaft verursacht.
Auch hier hat die Bundesregierung nicht das gehalten, was sie versprochen hat. Steuern und Abgaben sollten gesenkt werden, tatsächlich ist allein die durchschnittliche Lohnsteuerbelastung der Löhne und Gehälter von 1982 bis 1986 von weniger als 16 auf über 17 Prozent gestiegen.

- 19 -

- 18 a - von ?

Die durchschnittlichen Beiträge zur gesetzlichen Krankenversicherung sind Ende 1985 auf 12,2 Prozent gestiegen. Das sind die höchsten durchschnittlichen Beiträge in der gesetzlichen Krankenversicherung seit 1949.
Grund hierfür ist die Kostenexplosion im Gesundheitswesen.

(welche?) Wir haben hier Vorschläge gemacht, wie wir uns Kostendämpfungsmaßnahmen vorstellen.

? Die Bundesregierung hat sich bisher in dieser Frage bedeckt gehalten. Ich frage die Bundesregierung:
Was nützt den Unternehmen eine Steuerreform, wenn gleichzeitig die Lohnnebenkosten ein unkalkulierbarer Risikofaktor bleiben?

- 19 -

- 19 -

Wenn Handwerk, Handel und freiberuflich Selbständige in diesem Jahr
nun langsam auch etwas von der günstigen wirtschaftspolitischen Groß
wetterlage profitieren können, dann haben sie das weniger der "Regie
rungskunst" der Bundesregierung zu verdanken, sondern ganz entschei
dend der uns von außen in den Schoß gefallenen wirtschaftlichen Traumkonstellation:
- Die US-Wirtschaft hat uns 1984/1985 die Möglichkeit gegeben, auf
  den durch sie in Bewegung gesetzten Zug der Weltkonjunktur aufzu-
  springen,
- weltweit dramatisch gesunkene Rohstoffpreise haben mit dafür ge-
  sorgt, daß die Preise in allen Industrieländern gesunken sind
- die im vergangenen und in diesem Jahr eingetretenen Ölpreisenkun-
  gen haben bei uns wie ein kostenloses nationales Nachfrage- und
  Beschäftigungsprogramm gewirkt.

- 20 -

Das alles hat bei uns die private Kaufkraft gestärkt.

Aber wir dürfen uns doch nichts vormachen: Dieses von den Ölländern
finanzierte Konjunkturprogramm wird nicht von Dauer sein. Die For-
schungsinstitute warnen in ihrem Herbstgutachten schon davor, daß
die Impulse aus dem Ölpreisrückgang im nächsten Jahr abklingen werden.

Das Ifo-Institut in München hat in einer neuen Studie darauf hinge-
wiesen, daß die in den USA notwendig werdende Haushaltskonsolidie-
rung sich dämpfend auf die Weltkonjunktur auswirken wird.

| Praxis Tipps! | Ganzheitliche Rhetorik
- Wie rede ich unterhaltsam und behaltsam? -
Wenn Sie Reden von Johannes Rau studieren werden Sie feststellen: Jede Rede hatte einen Unterhaltungswert. Warum? Johannes Rau wusste: Zuhören soll Freude bereiten und leicht verständlich sein. Sein Vorbild war der Redner Jesus von Nazareth, der alle seine wichtigen Aussagen durch bildhafte Elemente, Gleichnisse genannt, dem Volk nahe brachte. Er kannte sich wohl perfekt aus in der Aufnahmestruktur des menschlichen Gehirnes: Im linken Teil des Großhirns sitzt vornehmlich die Logik, das abstrakte Denken und im rechten Gehirnteil das assoziative und konkrete Denken. So ist in der Abbildung das Wort „Schlüssel" als Buchstabencodierung im linken Grosshirnteil und im rechten Gehirnteil als Bildcodierung archiviert.

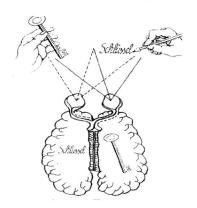

Verständlich ist: Wenn wir alle die gleiche deutsche Rechtsschreibung beherrschen, haben wir Deutschen links eine gleiche Archivierung, rechts jedoch häufig unterschiedliche Schlüsselbilder. Das hat aktuell eine weit reichende Konsequenz: Die internationale Kommunikation bedient sich immer mehr der Bildsprache, nutzt also das rechte Gehirn, so wie in den Zeiten des Nazareners. Kennen Sie noch eines seiner vielen Gleichnisse z.B. „Petrus geht über Wasser?" In Kurzform: Jesus befindet sich auf einem Boot auf dem See Genezareth. Petrus bittet ihn ans Ufer zu kommen, um auch in das Boot zu gelangen. Jesus gibt ihm die Anweisung: „Komm zu mir". Petrus glaubt und kann über Wasser gehen. Dann kommen ihm Zweifel und er beginnt unter zu gehen. In seiner Angst ruft er. „Herr rette mich" und Jesus antwortet: "Wenn du an mich glaubst wirst du leben, wenn nicht, wirst du untergehen." Das ist ganzheitliche Rhetorik, wobei die Metapher, das Bild, nur als rhetorisches Mittel dient, um den wichtigen Schlusssatz zu verstehen. Sind wir Deutschen „ganzheitlich" ausgebildet? Leider nein. Wir legen Wert auf Logik, auf abstraktes Denken, auf das linke Gehirn. In der Vermittlung von Informationen ist es aber notwendig, beide Gehirnteile zu „bedienen". So kann man, wie Jesus von Nazareth, den Zuhörer vom Konkreten (bildhafte Metapher „über Wasser gehen" zum Abstrakten (Wenn du an mich glaubst wirst du leben...) führen oder natürlich auch auf umgekehrte Weise vom Abstrakten zum Konkreten. Beispiel: „Wir haben im vergangenen Jahr 230 Tausend Tonnen Müll verarbeitet. Stellen Sie sich eine LKW Schlange vom Reichstag bis nach Treptow vor, alle voll beladen mit Müll, genau das ist die Verarbeitungsproduktion des letzten Jahres." Das linke Gehirn prüft die wahrscheinliche Richtigkeit der Aussage, das rechte Gehirn behält. So ergeben sich zwei unterschiedliche Behaltensstrategien: Wiederholung der Kerndaten links und Aufbau eines assoziativen Bildes rechts. Was wissen Sie noch von der Kennedy Rede in Berlin? Genau: „Ich bin ein Berliner". Und den Inhalt der Rede?

Redner des Jahres 1985: Dr. Richard von Weizsäcker

Als Redner des Jahres 1985 wird der amtierende Bundespräsident Dr. Richard von Weizsäcker, besonders für seine Rede vom 8. Mai 1985, mit dem Goldenen Mikrofon ausgezeichnet. Diese Rede wird gehalten zum 40jährigen Jahrestag der Beendigung des 2. Weltkrieges. Klar strukturiert, verständlich, offen, aber auch mit rhetorischen Stilmitteln ausgestattet, findet sie umfassende Akzeptanz. Drei Jahre später, am 10.11.1988, wagt sich der damalige Bundestagspräsident, Phillip Jenninger, an ein ähnlich wichtiges Thema und hält eine Rede zum 50. Jahrestag der Reichspogromnacht. Sein rhetorisches Unvermögen zwingt ihn zum Rücktritt.

Es ist das erste Mal, dass ein Präsident des Bundestages wegen rhetorischer Unfähigkeit gehen muss. Zurück zum Redner des 8. Mai: Aufrecht, präzise, in klaren Sätzen redend, jedes Wort in seinem Manuskript genau gewählt, ist er der aristokratische Redner. Eines seiner Zitate: „Die ganze Kunst der Politik besteht darin, das langfristig Notwendige kurzfristig mehrheitsfähig zu machen."

Was wir von ihm lernen können?
Habe klare Gedanken, stehe aufrecht am Pult und verlasse dich auf die Genauigkeit deines Manuskriptes.

Dr. Richard von Weizsäcker

Hier seine Rede anlässlich der 350- Jahr- Feier der Harvard Universität und des 40jährigen Jubiläums des Marshall Planes am 11. Juni 1987. Wie bei allen seinen Reden ist das DIN A 5 Manuskript sehr gut lesbar strukturiert. Die Gedanken sind meistens in kurzen, klaren Sätzen übersichtlich ausformuliert. Der Redner von Weizsäcker überlässt nichts der zufälligen Eingebung. In einigen wenigen Passagen führt er Änderungen ein und verwirft Gedanken, die ihm nicht so wichtig erscheinen. Die meisten Änderungen betreffen die Wortwahltechnik. Von Weizsäckers Stärke ist die Recherche, die Genauigkeit mit der er seine Reden konzipiert. Die Sätze „stehen" und haben Bestand.

Manuskript von Dr. Richard von Weizsäcker

GEORGE MARSHALL HAS BECOME ~~in this century~~ A SYMBOL OF THE VIRTUES THAT HAVE TAUGHT US TO ADMIRE AND INDEED TO LOVE THE UNITED STATES.

TO ADDRESS YOU AS A VOICE FROM EUROPE IS AN HONOUR FOR MY COUNTRY,

A ~~great~~ DISTINCTION FOR ME AND A WELCOME CHALLENGE IN THESE CRITICAL TIMES.

THIS UNIQUE UNIVERSITY HAS ALREADY INSPIRED MANY A EUROPEAN, FOR INSTANCE, THE PRINCE OF WALES

HELD A VERY IMPRESSIVE SPEECH HERE LAST YEAR.

ON BEHALF OF HIS OWN UNIVERSITY IN BRITAIN,

HE GREETED CAMBRIDGE FROM CAMBRIDGE.

THREE CHEERS FOR THE LITTLE DIFFERENCE BETWEEN THE TWO,

IF I MAY ~~SAY SO~~ add,

SINCE I STUDIED NOT ONLY IN GERMANY

BUT, ~~INTER ALIA,~~ AT OXFORD, England, as well,

I HARDLY NEED TO EXPLAIN WHY CAMBRIDGE ON CHARLES RIVER

IS THE ~~ONLY~~ one UNIVERSITY CITY BEARING THIS NAME

WHICH MY SELF-ESTEEM SHOULD ALLOW ME TO SET FOOT IN.

GENERATIONS OF YOUNG PEOPLE HAVE LEFT HARVARD

FOR ALL CORNERS OF THE WORLD.

~~THROUGH THEIR HIGH STANDARDS,~~

~~SENSE OF RESPONSIBILITY AND DEDICATION~~

THEY HAVE CONTRIBUTED TO COPING WITH

THE TASKS OF THEIR TIME AND THEIR COUNTRIES.

WITH ALL MY HEART I WISH EVERYONE

WHO IS GRADUATING TODAY AND

THUS STEPPING OVER A MAJOR THRESHOLD IN HIS OR HER LIFE

HAPPINESS AND FULFILMENT,

WITH a ~~THE~~ MEMORY OF THE TIME AT HARVARD

SERVING both AS A CHALLENGE AND AN ENCOURAGEMENT.

Verleihung des „Goldenen Mikrofons" an Egon Bahr

Verleihung des „Goldenen Mikrofons" an Ingrid Matthäus Maier

Redner des Jahres 1987: Egon Bahr

Egon Bahr, der Architekt der Ostverträge, wird 1987 ausgezeichnet. Er, der eher unscheinbar wirkende Mann aus Thüringen, ist der wichtigste Berater Willy Brandts. 1969 Staatsminister im Bundeskanzleramt und ab 1972 Bundesminister für besondere Aufgaben und ab 1974 Bundesminister für wirtschaftliche Zusammenarbeit. Kiesinger nennt ihn die „graue Eminenz". Von Parteifreunden wird er respektiert und von seinen politischen Gegnern wegen seiner dialektischen Fähigkeiten und klaren Logik gefürchtet. So führt er in einer Plenumsrede aus: „Der Bundeskanzler hat diesmal das Richtige falsch gemacht. Die CSU sagt: Er hat das Falsche falsch gemacht (Kohl lacht). Das er das Richtige richtig gemacht hat, glaubt wohl nur der Kanzler, aber der sagt es nicht (Kohl lacht nicht mehr). Nur der Kollege Schäuble meint, der Kanzler habe gar nichts Neues gemacht, aber das sei eilig gewesen."

Und die Weltwoche schreibt über Bahr: "Bahr's Karriere ist die Geschichte von der Kraft der Utopie, die eine neue Wirklichkeit zu schaffen mag."

Was wir von ihm lernen können?
Beherrsche die Kunst der Argumentationslogik und verstehe dialektische Kommunikationsprozesse. Gliedere deine Rede und verwirre nicht durch Abschweifungen.

Rednerin des Jahres 1988: Ingrid Matthäus Maier

Als erste Frau erhält Ingrid Matthäus Maier 1988 das „Goldene Mikrofon". Sie, Juristin, startet 1976 als Bundestagsabgeordnete der FDP und wechselt, nach der „politischenWende" 1982 in die SPD und sitzt bereits 1983 wiederum im Deutschen Bundestag - bald schon als finanzpolitische Sprecherin und ab 1988 auch als stellvertretende Vorsitzende der SPD Bundestagsfraktion. Durch zwei gute Reden, einmal zur IWF-Debatte und zum anderen zur Haushaltdebatte, fällt sie auf. Sehr selbstsicher, mit guter Gestik und einer Verbindung von Herz und Verstand versteht sie es finanzpolitische Zusammenhänge, eher ein trockenes Thema, verständlich und attraktiv den Zuhörern zu vermitteln. Ihren Mitarbeiterinnen hat sie beigebracht: "Baut „Klatschsätze" in die Reden ein, erst dann wird das Publikum aktiv." Sehr gerne benutzt sie ein „Mind-Map-Manuskript". Das vermittelt Spontaneität und hilft dennoch strukturiert zu reden.

Was wir von ihr lernen können?
Besonders Frauen sollten selbstsichere, machtorientierte Gestik einsetzen und darauf achten, ihre Stimme am Satzende abzusenken.

Verleihung des „Goldenen Mikrofons" an Willy Brandt

Redner des Jahres 1989: Willy Brandt

Am 6.2.1990 wird Willy Brandt für sein Lebenswerk der Rhetorik ausgezeichnet. Er ist mit 75 Jahren der älteste „Nachfahre von Demosthenes". Mit 17 Jahren tritt er in die SPD ein, ist 1957-1966 Regierender Bürgermeister von Berlin, 1966-1969 Außenminister und Vizekanzler, 1969-1974 Bundeskanzler und 1971 wird er als Friedensnobelpreisträger ausgezeichnet. Sein Kniefall in Warschau am 7.12.1970 leitet die Entspannungspolitik im Osten ein und bleibt vielen Bürgern jahrelang in Erinnerung. Einen solchen Politiker zu ehren ist schon etwas Besonderes. Daher hier die von Peter H. Ditko gehaltene Laudatio:

Sehr geehrter Herr Brandt, verehrte Gäste,

was soll denn nun das heutige Lob bewirken? Handelt es sich um eine antiquierte „Captatio Benevolentiä", also um ein Lob als Einschmeichelei? Erstens entspricht das wohl nicht dem Zeitgeist und zweitens überkommt mich bei dieser Lobart immer ein Gefühl der Abneigung. Man kann natürlich auch einen Menschen wegloben wollen. Das allerdings funktioniert bei Ihnen, Herr Brandt, schon gar nicht. Was mir angebracht scheint, ist das Lob als aufrichtige Anerkennung, so wie Theo Waigl am 17. November im Deutschen Bundestag zu Ihnen sagte „Ich möchte Ihnen Dank und Respekt aussprechen dafür, was Sie gesagt haben aber auch wie Sie es gesagt haben". Meine Damen und Herren, eine Frage stellt sich allerdings angesichts der Persönlichkeit und der Leistungen Willy Brandts, - wer ehrt eigentlich hier wen? Ehrt die Rhetorik Willy Brandt, oder zeichnet Willy Brandt durch sein heutiges Hier sein die Rhetorik aus?

Also ich denke: Ein Mann, der Regierender Bürgermeister von Berlin war, der Parteivorsitzender, Außenminister, Bundeskanzler war, ein Mann, der diverse Ehrendoktorhüte sein Eigen nennen kann, Ehrenbürger berühmter Städte, Ordensträger vieler Staatsorden und Friedensnobelpreisträger und jetzt Ehrenvorsitzender seiner Partei ist, der hat eine weitere Ehrung nicht nötig- aber dennoch hoffe ich, dass sie Ihnen wohltut.

Und die politische Rhetorik? Nun, eigenartigerweise hat das Volk der Dichter und Denker nur wenige Berührungspunkte zur Rhetorik, zog diese doch vom antiken Griechenland des Demosthenes über das Rom Ciceros, über das revolutionäre Frankreichs eines Dantons, Robespieres und Mirabeau, um Deutschland herum nach England und weiter in die USA. Als dann die Rhetorik begann auch bei uns langsam Fuß zu fassen, ich denke dabei an die Paulskirchenrhetorik, da wurde sie auch schon bald aufs schamloseste missbraucht und erfuhr ihren wohl schwärzesten Tag am 18. Februar 1943 in der so genannten „Sportpalastrede".

Missbraucht und vergewaltigt wurde sie nach dem Zusammenbruch des Unrechtregimes nur mit Argwohn betrachtet, obgleich die Nachkriegszeit uns in den 50er und 60er Jahren brillante Redner bescherte. Ich denke dabei an Adolf Arndt, Fritz Erler, Kurt Schumacher oder auch Carlo

Schmidt, den man auch gerne den „Demosthenes der sieben Berge" nannte. Es war die Zeit der Frauen und Männer, die die Härten eines unerbittlichen Krieges am eigenen Leibe kennen gelernt hatten und nun mit ihrer ganzen Kraft und innerem Feuer sich für die Freiheit einsetzten. Es waren Frauen und Männer mit Ecken und Kanten. Es waren unverwechselbare Persönlichkeiten.

Aber so, wie in den 80er Jahren die Autos im Windkanal windschlüpfrig und beinahe gleich gestylt wurden, so schliffen auch komplexe Sachzwänge und vielleicht auch Parteiapparate bei vielen Politikern die Ecken und Kanten ab und machten sie oftmals konturlos. Woran will sich aber der Wähler orientieren, wenn sich alle ähnlich anhören, wenn der Begriff der „Worthülse" die Runde macht? 1993 schrieb der Schriftsteller Friedrich Sieberg: "Nicht allein das Argument, sondern vor allem die Person überzeugt."

Wenn ich von den Gefahren sprach als Politiker konturlos zu werden, so trifft das auf Sie, Herr Brandt, nicht zu. Sie sind ein Redner, der sich aus der rhetorischen Landschaft abhebt. Sie gehen nicht leichtfertig mit ihren Gedanken um. Wenn man Ihre Redemanuskripte aufmerksam liest, so ahnt man Ihr Bemühen um die treffende Formulierung. Da Sie aber auch noch während der Rede auf Verbesserungen aus zu sein scheinen, kommen innerhalb der Sätze die typischen Brandt'schen Pausen. Um aber jetzt beim Zuhörer die Spannung nicht abfallen zu lassen, heben Sie vor dieser Pause Ihre Stimme an, richten Ihren Blick himmelwärts, greifen mit Ihrer rechten Hand nach oben und scheinen das richtige Wort nun oben gefunden zu haben.

Was besagt das Wort Rhetorik? Von meinen Schülern danach gefragt antworte ich gerne: "Rhetorik sind hörbar und sichtbar gemachte Gedanken" und Sie, sehr geehrter Herr Brandt, sind ein denkender Redner, ein idealistischer und realistischer zugleich. Der Zuhörer kann Ihren Worten gut folgen. Ihr Sprechtempo ist dem nachzuvollziehenden Denkvorgang angemessen. Hauptaussagen arbeiten Sie klar und verständlich heraus. Sie benutzen eine sinnverständliche Betonung. Aber Sie vergessen auch nicht das Herz der Zuhörerinnen und Zuhörer. Sie benutzen einprägsame Beispiele, benutzen wirksame Redefiguren und können durch feinsinnige Anspielungen den Unterhaltungswert, den jede Rede haben sollte, hervorragend Rechnung tragen. Bedeutsam ist aber auch der sprechende Körper. Immer in Bewegung, dem Ansprechpartner zugewandt, die Hände eindrucksvoll die gesprochenen Gedanken unterstreichend. Manchmal wirken sichtbar gemachte Gedanken eben mehr als Worte. Ich erinnere an den knienden Brandt in Warschau. Ein Bild, das um die Welt ging.

Bei aller Dynamik, bei aller Lebendigkeit sind Sie jedoch beharrlich, oftmals getreu dem Motto: „Der Klügere gibt nach, aber nicht auf." Perikles sagte 500 Jahre vor Christus „Das Geheimnis der Freiheit ist der Mut" und ich füge hinzu, das Jahr 1989 war das Jahr der Mutigen. Denken wir an die Ungarn, Tschechen und Slowaken, an die Rumänen und besonders an unsere Landsleute in der DDR und auch an Sie, Willy Brandt.

Da hatte man Ihnen schon einen gemütlichen Lehnstuhl auf der SPD Wolke ausgesucht, insgeheim wahrscheinlich mit dem Gedanken spielend, Sie mögen dort dann sitzen und wohlwollend auf das Parteivolk herabblicken, großväterlich und weise. Als Sie dann die Entwicklung an der Berliner Mauer sahen, da war der Gedanke an die Wolke wie weggeblasen, denn Sie kommen am 10. November nach Berlin und verkörpern ein Sinnbild der Hoffnung, Sie stehen am 17. November am Rednerpult des Deutschen Bundestages und bieten den Parteien eine gemeinsame Klammer, Sie markieren einen Monat später beim Berliner Parteitag eindrucksvoll Ihre Richtung. Hier sagt der Realist: „Und nichts wird wieder, wie es war. Wir können helfen, dass zusammen wächst, was zusammen gehört - auch wenn nicht alles schon nächste Woche nachmittags um sechs passiert" und der Idealist „Nein, alternativlos geht die Geschichte nicht zu Ende und es lohnt sich, an vernünftigen Alternativen mitzuwirken."

Wir ehren Sie, sehr geehrter Herr Brandt, heute als großen Redner und damit als Erbe von Demosthenes, dem griechischen Redner für Freiheit. Deshalb dieses Goldene Mikrofon.

Herzlichen Glückwunsch!

Was wir von ihm lernen können?
1. Glaubwürdigkeit ist abhängig von der Kongruenz von Reden und Handeln. Wort und Bild müssen übereinstimmen.
2. Die Pause ist das wichtigste Stilmittel der Rhetorik. Ohne sie keine Wirkung.
3. Nehme deine Worte für wichtig und spreche diese exakt aus. Warum soll ansonsten der Zuhörer ihrerseits die Worte für wichtig nehmen?

Willy Brandt

Dieses Originalmanuskript ist entnommen seiner Abschiedsrede am 14.6.1987 vor dem SPD-Sonderparteitag in Bonn. Das komplette handschriftliche Manuskript zu studieren ist eine atemberaubende, spannende Lektüre. Es gibt wohl kaum ein Redemanuskript, das die Empfindungen eines Politikers derart exakt widerspiegelt, wie dieses. Wer also glaubt, alle Politiker spulen eine vorgefertigte „Schablone" ab, der wird beim Lesen dieses Manuskriptes eines anderen belehrt.

- Das komplette Originalmanuskript ist nachzulesen in den von der Deutschen Rednerschule verfassten „Redekostbarkeiten".

Manuskript von Willy Brandt

Willy Brandt
a.o. Parteitag am 14.6.1987

Einen Parteitag einzuberufen, um den Vorsitzenden abzulösen, ist eher ungewöhnlich; ist er ja auch "ausserordentlich".

Es war bekannt, dass ich auf dem nächsten ordentlichen Parteitag nicht mehr für eine Wiederwahl zur Verfügung stehen würde. Zur Nachahmung kann ich solche Vorankündigung nicht empfehlen. Auch in der Politik gibt es Dinge, von denen spricht man am besten erst, wenn sie spruchreif sind. Bei Traven - in dessen erstem Dschungelroman - kann man nachlesen, wie ein mexikanischer Indianerstamm es bei der Häuptlingswahl hielt. Die zogen dem Neugewählten die Hose runter und hielten ihn mit nacktem Hintern einen Augenblick übers Feuer. Du sollst nicht zu lange sitzen bleiben... Ich bin ja nun ziemlich lange hocken geblieben. Und natürlich habe ich nicht allen und allem gerecht werden können. Ich bitte um Nachsicht.

Wenn einer nach dem Ertrag dessen fragt, was ihn in Anspruch nahm, darf er nicht nur an das denken, was gelang. Mir ist es oft genug leichter gefallen, neuen Themen nachzuspüren - und denke ich nicht allein an die Umweltvergiftung - als hart genug am Thema zu bleiben. Als Vorsitzender habe ich den Zusammenhalt der Partei so ernst genommen, dass Neigung der Durchbruch zu neuer Entscheidung. Jedenfalls reichte die Kraft nicht aus, die Sozialdemokratie rasch und überzeugend Erneuer

will ich Euch auch was mich bei diesem Übergang in einen neuen Lebensabschnitt froh : Wir haben - unzulänglich, wie es bleiben muss - wichtigen reformpolitischen Ansätzen zur Geltung verholfen, als die Angelegenheiten unseres Gemeinwesens das vorige Mal zu erstarren drohten. Und wir haben - gewiss gegen viel Widerstand - einer neuen Politik der Verständigung, als dies bitter nötig war. Einer, der nicht für Hitler

| *Praxis Tipps!* | **Körpersprache**

Eine Journalistenweisheit lautet: Bild schlägt Ton. Warum? Das menschliche Auge kann komplexe Zusammenhänge im rechten „Bildgehirn" schneller und langlebiger abspeichern als der meistens abstrakt und nur in der Zeitfolge dem Menschen zugängliche Ton. So nehmen wir über das Ohr ca. 18 % und über das Auge ca. 35% der Informationen auf. Wenn die Informationen über beide Aufnahmekanäle kongruent sind, entsteht eine noch höhere Wirksamkeit als die reine Addition. So hängt die Glaubwürdigkeit einer Botschaft also von der Kongruenz von Bild und Ton ab. Reden und Handeln muss übereinstimmen. Das ist bzw. war das Geheimnis aller großen Rednerpersönlichkeiten. Jesus von Nazareth ist dafür bis zum Kreuz gegangen. Was wäre wohl aus dem Christentum geworden ohne diesen letzten Schritt der Kongruenz? Was ist ein Politiker, ein Manager ohne diese Kongruenz? Wir erleben es heute klarer denn je: unglaubwürdig. Worauf sollten sie also bei der Körpersprache besonders achten

1. erst stehen, dann reden. Nehmen sie sich einige Sekunden Zeit, um Augenkontakt mit dem Publikum aufzunehmen.
2. stehen sie grade und ruhig. Wer auf einem Standbein steht, vermittelt ein „schiefes Bild" und hindert sich an einer optimalen Zwerchfellatmung. Darüber hinaus verführt der Standbeinwechsel zur Unruhe.
3. schauen sie das Publikum an. Ein Weglaufen der Augen hindert die Beziehung und wirkt oftmals unglaubwürdig. Seien sie freundlich, besonders bei positiven Botschaften, denn nur so erhalten diese ihre Wirkung.

4. setzen sie ihre Hände ein. Wollen Sie: Beziehung zum Publikum aufnehmen? Gestik nach vorne. Macht ausstrahlen? Hände zur Seite. Negative Aussagen ablehnen? Hände nach unten. Hände gehören auch nicht hinter den Körper oder in die Tasche und der Zeigefinger wird auch nicht als Angriffsmittel eingesetzt.

Outfit

Auch ihr Outfit ist ein Teil der Kommunikation und erzielt eine hohe Wirkung. Wollen sie eher dynamisch wirken, sind Gegensätze von Hell und Dunkel angebracht. Eher statisch wirkt eine uni Kleidung. Beachten sie eines: Helle Töne sind immer Vordergrundtöne und dunkle Töne bringen sie eher in den Hintergrund. Es kommt also auf den Anlass und ihre Wirkungserwartung an. Auch die Farben vermitteln Wirkungen, wobei wir uns dieser kaum entziehen können, denn tagtäglich werden wir durch Farben geführt: Alle Notschalter sind rot, Warnschalter gelb und bei grün dürfen wir die Strasse überqueren. Das prägt sich im Gehirn unauslöschlich ein. Ergebnis: Rot vermittelt Gefahr und Aggressivität, gelb Wärme, blau suggeriert Abstand, Kälte und Sachlichkeit und grün eher Natürlichkeit und soziale Kompetenz und braun Bodenständigkeit. Übrigens war es noch im vergangenen Jahrhundert nur Mitgliedern von Adelsfamilien erlaubt, bestimmte Farben zu tragen. Noch heute ist in der Diplomatie die Farbe Purpur nur zwei Personen zugeordnet, nämlich dem Papst und der Königin von England. „Bild schlägt Ton" – diese Aussage sollten sie nicht vergessen.

Redner des Jahres 1991: Dr. Wolfgang Schäuble

Am 19.2.1992 wird der amtierende Fraktionsvorsitzende der CDU/CSU Fraktion und, seit dem Attentat vom 12.10.1990 querschnittsgelähmte Dr. Wolfgang Schäuble als Redner des Jahres 1991 ausgezeichnet. Der in Freiburg geborene Jurist war von 1984 – 1989 Bundesminister für besondere Aufgaben und Chef des Bundeskanzleramtes unter Kohl und dann bis 26.11.1991 Bundesminister des Inneren. Schäuble hatte am 20. Juni 1991 im Rahmen des anstehenden Regierungsumzuges nach Berlin eine überzeugende Rede für Berlin im Deutschen Bundestag gehalten. Der Streit, den Umzug nach Berlin betreffend, geht durch alle Parteien. Vor der Rede von Schäuble gibt es eine Tendenz für Bonn. Selbst während der Debatte werden immer wieder Meinungsbilder abgefragt, die eine konstante Mehrheit für Bonn erkennen lassen.

Mit der Rede von Schäuble kommt der Umschwung.
Nach den ersten Meinungsbildern nach der Rede hat Berlin einen Vorsprung.
Und so endet auch die Debatte: 320 Stimmen für Bonn und 337 für Berlin. Der Rollstuhlfahrer Schäuble hatte sich einen Tisch aufbauen lassen, zu dem er langsam hinrollte und von dem er dann seine Rede hielt: Langsam und bedächtig sprechend und in den emotionalen Passagen mit auffallender Schärfe. Sein Redeziel ist klar: Emotionalisierung der Zuhörer bei gleichzeitiger Betonung des Grundkonsenses. Auch seine nachfolgenden Reden im Deutschen Bundestag zeigen eines: Wichtige Kernaussagen spricht er sehr leise, so leise, dass man eine Stecknadel fallen hören könnte. Er setzt Stimmmelodie, Stimmstärke aber auch Strukturelemente präzise ein. Appelle kleidet er häufig in Bitten und nimmt dem Gegner durch Formulierungen „das Thema ist zu ernst..." oder „es geht um die Zukunft Deutschlands" den Wind aus den Segeln. Auf Störversuche reagiert er einfach dadurch, dass er aufhört zu reden. In der Sache bleibt er meistens hart, im Ton sehr konziliant.

Was wir von ihm lernen können?
Das Zurücknehmen der Stimmstärke bei wichtigen Kernaussagen wirkt stärker als zunehmendes Schreien.

Lob ist besser als „Anblasen"

Der Nordwind und die Sonne stritten sich, wer der Stärkere sei. Schließlich einigten sie sich darauf, ihre Kräfte daran zu messen, wem es eher gelänge, einem Wanderer das Gewand herunter zu ziehen. Der Nordwind begann und blies mit aller Kraft. Der Wanderer wickelte sich immer fester in sein Gewand. Als der Nordwind noch stärker blies, holte er aus seinem Wandersack noch einen Umgang heraus und zog den über. Da gab der Nordwind auf. „Nun bist du an der Reihe", sagte er zur Sonne. Die schien milde auf den eingemummten Wanderer, der schon bald seinen Umhang wieder ablegte. Dann stieg die Sonne höher, streichelte den Wanderer mit ihren Strahlen und wärmte ihn immer mehr. Schließlich wurde es dem Wanderer zu heiß, er legte alle Gewänder ab und stürzte sich in einen kühlen Bach.

Redner des Jahres 1993: Wolfgang Thierse

Zum Redner des Jahres 1993 wird Wolfgang Thierse gewählt und die „Welt" titelt: "Goldenes Mikrofon für das Mundwerk der Ostdeutschen". Was war passiert? Die am 3.10.1990 vollzogene Wiedervereinigung führt zu einer enormen Vergrößerung der Mitgliederzahl des Deutschen Bundestages und neue, teilweise recht zaghafte Rednerinnen und Redner stehen nun am Plenumspult. Noch sind diese ehemaligen Bürger der DDR noch gar nicht richtig im kommunikativen Bonn angekommen. Um diesen Menschen Mut zu machen wird Wolfgang Thierse, aus Breslau stammend und in Berlin lebend, ausgewählt. Thierse kennt rhetorische Mittel aus seiner Studienzeit der Germanistik und Kulturwissenschaft an der Humboldt Universität zu Berlin.

Bis zur Wende parteilos engagiert er sich 1989 im Neuen Forum und tritt 1990 der SPD in der DDR bei. Am 9. Juni 1990 wird er dort zum Vorsitzenden gewählt. Am 3.10 1990 startet seine neue Tätigkeit als Mitglied des Deutschen Bundestages und einen Tag später wird er zum stellvertretenden Vorsitzenden der SPD Bundestagsfraktion gewählt. Später soll er dann sogar zum Bundestagspräsidenten aufsteigen.

Schon in seiner Kindheit im südthüringischen Eisfeld hört der kleine Thierse gern Westradio und ist von Thomas Dehler, Fritz Erler, Carlo Schmidt und Herbert Wehner fasziniert. Hier entsteht der Wunsch, gut reden zu können.

Was wir von ihm lernen können?
Je früher man guten Rednern zuhört, je einfacher ist die spätere Anwendung - auch wenn dazwischen Jahre der „Abstinenz" liegen.

Die Koalition

Es war einmal ein Huhn, das eines Tages einen glänzenden Einfall hatte. Es ging zum Schwein und sagte: „Lass uns zusammenarbeiten, gemeinsam sind wir stärker."
„Meinetwegen", grunzte das Schwein, „und wie stellt du dir das vor?"
„Das ist ganz einfach: wir bilden eine Koalition und erzeugen so gemeinsam „ham and eggs". Ich sorge für die Eier und du für den Schinken."
Nachdem das Schwein eine Weile nachgedacht hatte meint es besorgt. "Die Idee ist wirklich gut, aber dabei gehe ich ja drauf!"
„Nun ja, antwortete das Huhn, „das haben Koalitionen nun eben mal so an sich."

Redner des Jahres 1996: Oskar Lafontaine

1996 erhält der amtierende Ministerpräsident des Saarlandes und Vorsitzender der Sozialdemokratischen Partei Deutschlands, Oskar Lafontaine, das Goldene Mikrofon. Geboren in Saarlouis besucht er das Bischöfliche Konvikt in Prüm und beendet 1969 als Stipendiat des Cusanunswerkes sein Studium als Diplomphysiker. Schon mit 23 Jahren, also während seines Studiums, wird er SPD Mitglied und schnell steigt er die Karriereleiter empor: Bürgermeister und Oberbürgermeister von Saarlouis, Landesvorstand und 1985 Ministerpräsident. Er kämpft vehement gegen den Nato-Doppelbeschluss von Helmut Schmidt und kandidiert 1990 gegen Helmut Kohl als Kanzler. Während des Wahlkampfes wird er bei einer Rede von einer Attentäterin mit einem Messerstich an der Halsschlagader lebensgefährlich verletzt. Von diesem Trauma zu erholen fällt ihm, auch noch einige Jahre später, schwer. Die Kanzlerwahl verliert er, bleibt aber bis 1999 Parteivorsitzender. Nach dem Wahlsieg Schröders 1998 wird er Bundesfinanzminister. Am 11. März 1999 legte er nach langen Auseinandersetzungen mit Gerhard Schröder, alle Ämter nieder - Ministeramt, Bundestagsmandat und Parteivorsitz. Am 30. Mai 2005 tritt er aus der SPD aus. Später wird er dann Fraktions- und Parteivorsitzender der aus PDS und WASG hervorgegangenen Partei Die Linken.

Genau so gegensätzlich wie seine Karriere ist auch seine Rhetorik: Manchmal versöhnlich, jovial gar väterlich und einige Augenblicke später scharf und schneidend. Im Rahmen der Nato-Doppelbeschlussdebatte sagte er an Helmut Schmidt 1978 gerichtet: "Helmut Schmidt spricht weiter von Pflichtgefühl, Berechenbarkeit, Machbarkeit, Standhaftigkeit. Das sind Sekundärtugenden. Ganz präzise gesagt: Damit kann man auch ein KZ leiten." Für diesen Satz entschuldigt er sich später bei Helmut Schmidt. Am 27.11.2006 hält er eine viel beachtete Rede zum Thema Arbeitslosigkeit im Deutschen Bundestag. Hier wechselt er geschickt ab zwischen persönlicher Meinungsäußerung und scheinbar neutral vorgetragenen Aussagen. Diese Taktik ist umso wirkungsvoller, als es durch sie häufig gelingt, den Gegner als jemanden darzustellen, der entweder des systematischen Denkens nicht fähig ist oder der - alternativ - willfährig handelt. Besonders wirkungsvoll ist es natürlich, wenn er sein Wissen als allgemeingültig darstellt. Auch später neigt er immer wieder zum polarisieren mit dem Ergebnis: Einige lieben ihn, einige hassen und fürchten ihn. Er ist und bleibt ein lebendiger Rhetor. In seiner Dankrede anlässlich der Preisverleihung sagte er u.a.: „Schon als Schüler begeisterte mich die Figur des Demosthenes, jenes Redners, der am Meeresstrand versucht hat, mit Kieselsteinen in Mund, sein rednerisches Talent, seine Stimme zu üben, und der dann zu einem großen Redner der Antike wurde. Und in der Schule begeisterten wir uns für Cicero, der große Reden hielt, und Catilina ins Gesicht schleuderte: „Wie lange noch, Catelina, willst du unsere Geduld missbrauchen." Ein Jahr später, also 2007, zeichnet ihn auch die Universität Tübingen für seine Rhetorik aus. Lafontaine über sich: „Eigentlich will man nicht dauernd angefeindet werden. Aber andererseits ist es wichtig, gegen den Strom zu schwimmen."

Was wir von ihm lernen können:
Bewegung in Inhalt, Sprache und Körper sind die Grundlagen der Rhetorik. Achtung: Zu schnelle Bewegung allerdings löst Angst aus.

Verleihung des „Goldenen Mikrofons" an Joschka Fischer

Redner des Jahres 1999: Joschka Fischer

1999 wird der erste Grüne Politiker, der amtierende Außenminister Joschka Fischer ausgezeichnet. Geboren in Gerabronn (Baden Württemberg) durchlebt er eine wechselvolle Jugend: Kurz vor Abschluss des 10. Schuljahres verlässt er das Gymnasium und beginnt die Lehre als Fotograf – aber nur kurzfristig. Er reist viel, zieht später nach Frankfurt/Main und interessiert sich für Vorlesungen von Theodor Adorno, Jürgen Habermas und liest Karl Marx, Mao Tsetung und Hegel. Als Mitglied der militanten Gruppe „Revolutionärer Kampf" beteiligt er sich an Demonstrationen und Straßenschlachten. Erst nach der Ermordung von Hans-Martin Schleyer durch die RAF wendet er sich von diesen radikalen Gruppierungen ab. 1982 tritt er in die Partei „Die Grünen" ein und macht Karriere. Er zieht in den Deutschen Bundestag ein und macht sich als provokanter Redner schnell einen Namen. Er wird Umweltminister in Hessen. 1991 wird er stellvertretender Ministerpräsident und erneut Umweltminister. Im Oktober 1994 wählen die Grünen ihn zum Fraktionssprecher im Deutschen Bundestag, und am 28.10.1998 wird er als Außenminister und Vizekanzler der rot-grünen Koalition unter Schröder vereidigt. Danach verändern sich sein Auftreten und sein Outfit komplett. Fischer redet 1999 zum ersten Mal vor der UNO Generalversammlung und läuft die Marathonstrecke in New York in 3 Stunden 45 Minuten. Ein neuer Fischer ist geboren.

Und auch der Ort der Verleihungszeremonie hat sich verändert: Die Ehrung findet zum ersten Mal auf dem Seminarschiff „AGORA" der Deutschen Rednerschule in Berlin statt.

Was zeichnet nun die Rhetorik dieses Joscha Fischers aus? Er ist ein lebendiger Redner, der die freie Rede der Manuskriptrede vorzieht, und er achtet immer auf „Infotainment". „Eine Rede ohne Unterhaltungswert ist heute nicht mehr akzeptabel" - so sein Credo. Wenn er redet, dann lebt er. Seine Mimik und Gestik sind absolut „bühnenreif". Und er kann, neben dem Unterhaltungswert, auch sehr scharf werden. Nicht vergessen ist sein Angriff auf den Bundestagspräsidenten Richard Stücklen vom Oktober 1984: „Mit Verlaub, Herr Präsident, Sie sind ein Arschloch".

In seinem Dank verrät er seinen wahren Lehrmeister, wie er meint, nämlich den Berliner Filmemacher Billy Wilder. Die Lieblingsfigur Fischers in „Manche mögen's heiß" ist der aalglatte, grinsende Obermafioso- der kleine Bonaparte.

Was wir von ihm lernen können?
Es sind 3 Punkte:
1. Wenn du Erfolg haben willst, sei anders als die anderen.
2. Nur lebendige Redner sind gute Redner, daher rede frei und klammere dich nicht an ein Manuskript.
3. Eine Rede muss einen Unterhaltungswert haben.

Verleihung des „Goldenen Mikrofons" an Dr. Gregor Gysi

Redner des Jahres 2000: Dr. Gregor Gysi

Für das Jahr 2000 wird der zweite „Ostler" mit dem Goldenen Mikrofon ausgezeichnet. Der in Berlin geborene Dr. Gregor Gysi. Der Vater, in der DDR- Zeit Botschafter, Kultusminister und Staatssekretär, die Mutter geboren in Sankt Petersburg und auch im Kultusministerium tätig. Gysi studiert an der Humboldt Universität in Berlin und schließt 1970 dort auch sein Jura-Studium ab. Schon während des Studiums 1967 der SED beigetreten, arbeitet er ab 1971 als einer der wenigen freien Rechtsanwälte in der DDR und vertritt namhafte Regimekritiker wie Robert Havermann, Rudolf Bahro oder Bärbel Boley. 1989 wird er Vorsitzender der SED/PDS und bleibt das bis 1993. Seine Rede 1989 vor 500.000 Menschen auf dem Alexanderplatz -mit der Forderung eines neuen Wahlrechts und eines Verfassungsgerichts- machen ihn in der DDR populär. Nach der Wiedervereinigung zieht er am 3.10.1990 in den Deutschen Bundestag ein. Er wird zum Vorsitzenden der PDS Bundestagsgruppe und später bis Oktober 2000 zum Vorsitzenden der PDS Bundestagsfraktion gewählt. Später wird er Wirtschaftssenator von Berlin und danach Fraktionsvorsitzender der Partei „Die Linken".

Schon früh hatte Gysi als 6-jähriger rhetorische Erfahrungen als Synchronsprecher in Defa-Spielfilmen sammeln können. Wahrscheinlich fördert seine Tätigkeit als Rechtsanwalt das Talent immer freundlich und konziliant harte Attacken mit ausgefeilter Dialektik gekonnt vorzutragen.

Damit wird er in der Fernsehwelt der Bundesrepublik Deutschland schon bald ein gern gesehener Medienstar, obwohl er sich immer wieder gegen Vorwürfe, er sei ein „IM" gewesen, mit allen verfügbaren Mitteln verteidigt. In seiner Dankesrede sagt er von sich selbst „Man schätzt mich falsch ein, wenn man mich in erster Linie als Spieler, als Conferencier und als witzigen Politiker ansieht. Ich nehme meine Sache schon sehr ernst."

Was wir von ihm lernen können?
Zum einen die Anwendung von dialektischen Fähigkeiten im Rahmen der Argumentationslogik und zum anderen die Technik, harte Angriffe mit einer freundlichen Mimik und offenen Körperhaltung vorzutragen.

Seit 1979 wurden 13 Redner mit dem Goldenen Mikrofon ausgezeichnet. Darunter nur eine Rednerin nämlich Ingrid Matthäus-Maier. Wieso nur eine Frau? Sind etwa zu wenig Frauen im Deutschen Bundestag vertreten? Die Antwort lautet: Weniger als Männer, ja aber zu wenige? Im 13. Deutschen Bundestag, also 1994-1998 sind es 177 Frauen von 672 Abgeordneten, also 26,3%. In der 14. Wahlperiode, also 1998 - 2002 sind es schon 207 Frauen von insgesamt 669 Abgeordneten, also 30,9%. Warum liegt die Zahl beim Goldenen Mikrofon nur bei 8%? Eine mögliche Antwort liegt darin: Frauen reden anders. Sie haben meistens eine höhere Stimmlage und füllen damit weniger den akustischen Raum als die Männer. Weiterhin sind sie meistens schmaler, zierlicher von Statur aus und nehmen dadurch weniger räumliche Macht ein. Und auch die Gestik ist eher enger ausgelegt, als die der Macht einnehmenden Männer. Die Entscheidung heißt also: Auszeichnung der „rhetorischen Frauenpersönlichkeit".

Frauenpersönlichkeit 2001 Renate Künast

Frauenpersönlichkeit 2002 Dr. Angela Merkel

Frauenpersönlichkeit 2001: Renate Künast

Diese Auszeichnung, eine 30 cm hohe Bronzefigur, wird nun zum ersten Mal für das Jahr 2001 an die amtierende Ministerin für Verbraucherschutz, Ernährung und Landwirtschaft, Renate Künast, auf dem Seminarschiff AGORA verliehen. Renate Künast, 1955 in Recklinghausen geboren, studiert Jura an der FU in Berlin und erhält nach dem Studium ihre Zulassung als Rechtsanwältin. 1979 tritt sie der „Alternativen Liste" in Berlin bei und ist seit 2000 Bundesvorsitzende von Bündnis90/Grüne, zusammen mit Fitz Kuhn.

Ihr rhetorischer Auftritt ist eher burschikos: Leicht verständliche Sprache und Satzstrukturen, klare und gut nachvollziehbare Beispiele und eine adäquate Gestik. Dazu ein saloppes Outfit - insbesondere die leicht auf „Sturm" frisierten Haare. Sie verkörpert „Grüne Rhetorik" - mal vom Guru Joschka Fischer abgesehen. Sie sagt zum Unterschied Frauen und Männer. "Frauen und Männer haben einen anderen Stil. Bei Männern fangen die Sätze viel häufiger mit „Ich" an und hören mit „Ich" auf. Da wird apodiktischer gesagt: „So ist es."

Was wir von ihr lernen können?
Trete authentisch vor dein Publikum und verschraube dich nicht in komplizierte Satzstrukturen.

Frauenpersönlichkeit 2002: Dr. Angela Merkel

Ausgezeichnet als „rhetorische Frauenpersönlichkeit des Jahres 2002" wird die amtierende Bundesvorsitzende der CDU und Vorsitzende der CDU/CSU Fraktion Dr. Angela Merkel. Die Verleihungszeremonie findet im Februar 2003 in der Deutschen Parlamentarischen Gesellschaft in Berlin statt, da 2003 die Deutsche Rednerschule gleichzeitig ihr 25jähriges Bestehen feiert.

Wer ist diese Angela Merkel? Als Angela Kasner, 1954 in Hamburg geboren, zieht sie schon einige Monate später mit ihren Eltern in das brandenburgische Dorf Quitzow, wo der Vater eine Pfarrerstelle als evangelischer Seelsorger annimmt. 3 Jahre später zieht die Familie nach Templin in die Uckermark. Sie studiert Physik in Leipzig, heiratet 1977 den Studenten Ulrich Merkel und reicht 1978 ihre Diplomarbeit ein. Bald schon geht sie nach Berlin, wird 1982 geschieden und lebt ab 1984 mit dem Chemiker Joachim Sauer zusammen, den sie dann auch 1998 heiratet. Tätig ist die bereits promovierte Physikerin an der Akademie der Wissenschaften. Während der Wende engagiert sie sich, zuerst ehrenamtlich und dann später hauptberuflich, beim Demokratischen Aufbruch unter Wolfgang Schnur. Im Kabinett de Maizieres wird sie stellvertretende Regierungssprecherin und nach der Wende bekommt sie, nach einem Gespräch mit Helmut Kohl, eine Planstelle im Bundespresseamt. Sie kandidiert für den Deutschen Bundestag und wird am 20.12.1990 MdB. Helmut Kohl gibt ihr 1991 das Bundesministerium für Jugend und Frauen und 1994 das Ministerium für Umwelt, Naturschutz u. Reaktorsicherheit. Nach der verlorenen Wahl 1998 wird sie unter dem Bundesvorsitzenden Schäuble Generalsekretärin der CDU. Nachdem Schäuble sich, auf Grund der „Schreiber-Affäre", zurückziehen muss, wird sie im April 2000 Bundesvorsitzende der CDU. Fraktionsvorsitzender wird Friedrich Merz, der als Redner bereits 1996 in Bonn den Redewettstreit der Rednerschule unter den Abgeordneten gewonnen hatte und als hervorragender Debattenredner gilt. Am 11. Nov. 2002 löst sie Merz als Fraktionsvorsitzender ab und hat jetzt alle Fäden in der Hand. Schon drei Jahre später wird sie als Bundeskanzlerin die mächtigste Frau Deutschlands, und viele sagen auch „mächtigste Frau der Welt". Schon im Sommer 2000 hatte sie in einem Stern-Artikel gesagt. "Ein Politiker muss machtbewusst sein. Er muss ehrgeizig sein. Er muss sich selber etwas abverlangen können". Genau deswegen wird sie ausgezeichnet, als Vorbild für viele Frauen in Politik und Wirtschaft. Ihre Reden sind meisterhaft strategisch konzipiert, und nicht selten benutzt sie packende Metaphern, um die Sache auf den Punkt zu bringen. In einem Vortrag vor CDU Anhängern sagt sie, weil sie wieder einmal aus den eigenen Reihen heftig angegriffen worden war: " Wenn man Eier haben will, dann muss man das Gackern der Hühner ertragen können."

In ihrer sehr authentisch wirkenden Dankesrede weist sie auf drei Quellen des Wortes hin, die sie für diese Ehrung als Basis sieht: Ersten die Sprache der Bibel - „Am Anfang war das Wort". Die Schöpfung erkennen durch das Wort schafft einen Bezug zur eigenen Welt, in der wir durch die Sprache der Schrift Orientierung für unser Leben finden. Eine Quelle der Hoffnung in einer Diktatur. Zweitens die Sprache der Diktatur - eine Ohnmachtserfahrung für den denkenden Menschen, der mit der Sprache der politisch Mächtigen der DDR seiner eigenen Sprache und damit seinem eigenständigen Denken und Handeln beraubt wird. Sie erinnert an Viktor Klemperers Buch, das die sprachlichen Instrumente der Diktatur beschreibt und, in der DDR gelesen, ein Gegengift zur Abwehr von Manipulation und Entfremdung bot. Drittens die Sprache in der Demokratie, deren Bedeutung durch ein lebendiges Miteinander -Reden und -Streiten der Bürger und der Volksvertreter täglich neu gestaltet werden muss und in der politisches Handeln durch die Sprache lebendig, eine neue, andere und bessere Welt für alle erschafft.

Ihre Rede ist eine eindeutige, klare Botschaft und zeigt ihr ganz persönliches Verhältnis zur Rhetorik und Sprache.

Was wir von ihr lernen können:
Sei konziliant im Ton, aber glasklar in der Sache. Lege Wert auf eine gute Redevorbereitung und formuliere strategisch geschickt deine Botschaften. Lass' dich vom „Gegacker" deiner Widersacher nicht irritieren.

Bis zum Jahre 2007 halten wir vergeblich Ausschau nach ausgezeichneten Rednerpersönlichkeiten. Im Kabinett Schröder vom 22.10.2002 - 22.11.2005 agieren als gute Redner Joschka Fischer (bereits ausgezeichnet 1999) und Renate Künast (ausgezeichnet 2001). Kanzler Schröder lehnt die Auszeichnung ab, da er „rhetorische Leistungen als

Voraussetzung und Handwerkzeug eines Politikers hält". Der Vorschlag zur Auszeichnung erreichte ihn allerdings erst kurz vor seinem Ausscheiden am 8.11.2005. Am 22.11.2005 war er schon nicht mehr im Amt. Danach folgt die große Koalition. In einer solchen Konstellation werden kaum große Redner der Koalitionäre vor dem Plenum notwendig und die beherrschenden Redner der Opposition, Lafontaine und Gysi gehören schon zu den Preisträgern.

Verleihung des „Goldenen Mikrofons" an Sigmar Gabriel

Redner des Jahres 2007: Sigmar Gabriel

Erst im Jahre 2007 ergibt sich wieder die Gelegenheit zur Rednerauszeichnung. Dieses Mal ist es der Bundesminister für Umwelt, Naturschutz und Reaktorsicherheit, Sigmar Gabriel, der für seine Rede am 12.12.2007 auf der Weltklimakonferenz in Bali ausgezeichnet wird. Gabriel, in Goslar geboren, studiert Deutsch, Politik und Soziologie und schließt das Lehramtstudium mit Staatsexamen ab.

Ab 1976 - 1989 ist er ein führendes Mitglied in der Sozialistischen Jugend Deutschlands - die Falken. Von 1990 bis 2005 dann Mitglied des Landtages von Niedersachsen und wird 1999 zum Ministerpräsident gewählt. 2005 wird er in der großen Koalition zum Bundesminister ernannt. Zum ersten Mal wird ein Redner für eine Rede in einer Fremdsprache, nämlich Englisch, ausgezeichnet. Hiermit wird der immer stärker werdenden Kommunikationsglobalisierung Rechnung getragen. Die Rede zeichnet sich durch eine sehr klare Struktur mit klaren Botschaften aus. Sie verbindet Abstraktion und Bildhaftigkeit in einem ausgewogenen Verhältnis und vermeidet riesige „Zahlengräber". Und das alles in 6 Minuten. Am Ende erhält der Redner von einem Weltpublikum „standing ovations". Für einen deutschen Redner ein eher seltenes Ergebnis. Gabriel hält eine „schlichte Rede" im Sinne Heinrich von Kleist, der sagte: „Die schlichte Rede zeichnet sich dadurch aus, das der Redner versteht was er sagt, und das die Zuhörer ihn auch verstehen. Bei der gehobenen Rede versteht der Redner gerade noch, was er sagt, die Zuhörer verstehen ihn aber nicht. Bei der höheren Rede versteht weder der Redner was er sagt, noch verstehen ihn seine Zuhörer. Und die höchste Form der Rede, die es gibt, ist dann erreicht, wenn der Redner sich selber nicht versteht, die Zuhörer aber glauben ihn verstanden zu haben."

Was können wir von ihm lernen?
Rede kurz und präzise in Anlehnung an Luther der sagte: „Steh' auf, mach's Maul auf, hör bald auf."

Gib niemals auf

Zwei Frösche waren in einen Milchtopf gehüpft und ließen es sich schmecken. Als sie wieder heraus wollten, schafften sie es nicht, über den Topfrand, denn die Wand war zu glatt und zu steil. Die Frösche fingen an zu strampeln. Der eine gab schließlich auf und ertrank in der Milch. Der andere strampelte weiter. So lange, bis er plötzlich etwas Festes unter seinen Füßen spürte. Durch sein unentwegtes Strampeln war die Milch zu Butter geworden. Der Frosch stieß sich mit letzter Kraft ab und war im Freien.

Die „Kranzrede"

Athen 340 v.Chr.

Nach der Kranzverleihung steigt das Ansehen von Demosthenes bei den Athener Bürgern enorm. Er benutzt diese Macht, um eine Steuerreform durchzusetzen, die bestehende Ungerechtigkeiten innerhalb der Bürgerschaft abschafft. Oftmals gelingt es nämlich den Reichen, die Steuerlast auf die ärmsten der Bürger abzuwälzen. Diese Unverhältnismäßigkeit ersetzt er durch eine gestaffelte Vermögenssteuer, wodurch er sich allerdings den Hass der Reichen zuzieht. Aber er greift auch „heilige Kühe" an. So ist es Sitte, dass jeder Bürger Gelder erhält, um Theateraufführungen etc. zu besuchen. Es gibt sogar ein Gesetz, das absolut verbietet, diese Zuwendungen bei Todesstrafe abzuschaffen. Demosthenes setzt durch, dass sogar diese Gelder in die Kriegskasse fließen können. So ausgerüstet, können wichtige Städte vor dem Zugriff durch König Philipp gerettet werden.

König Philipp gibt aber nicht auf. Er führt seine Truppen 338 v.Chr. durch den Engpass der Thermopylen nach Mittelgriechenland und steht mit seinem Heer direkt an der Grenze Attikas. Die alte Rivalin von Athen, Theben, ist sein Ziel. Demosthenes entschließt sich selbst nach Theben zu gehen und hält dort eine zündende Rede, in der er die Worte Ehre, Freiheit und Vaterland so lebendig vorträgt, dass Theben sich an die Seite Athens stellt. So kommt es 338 v. Chr. zu der Schlacht bei Chäronea, in der Demosthenes selbst als schwer bewaffneter Fußsoldat mitkämpft. Aber Philipp und seine Armee sind stärker und so sterben mehr als 1000 Kämpfer aus Athen auf dem Schlachtfeld, und doppelt so viele werden gefangen und in die Sklaverei geschleppt. Theben ist verloren, aber Athen widersetzt sich, unter der Führung von Demosthenes, mit allen Kräften. Ein „Volkssturm" wird aufgebaut und sogar Sklaven rekrutiert. So viel Gegenwehr bringt König Philipp dazu, doch noch einen Frieden zu schließen. Die Kriegsgefangenen von Chäronea werden zurückgeführt und sogar die Gefallenen nach Athen gebracht. Demosthenes hat die Ehre, die Trauerrede vor dem Volk zu halten. Aber er traute diesem Frieden nicht, und so lässt er die Befestigungsanlagen der Stadt verstärken, teilweise sogar aus seinen eigenen Geldmitteln finanziert. Auf Grund dieser Leistungen will man erneut ihm den Goldenen Kranz im Rahmen des Dionysosfests überreichen. Sein Widersacher Äschines jedoch widerspricht diesem Vorhaben und so wird der Antrag verschoben. Im Jahre 336 v.Chr. wird König Philipp ermordet und sein Sohn Alexander, später Alexander der Grosse genannt, kommt an die Macht. Zur gleichen Zeit wird Darius III neuer Herrscher in Persien. Und auch er sieht in Makedonien eine große Gefahr. So versucht er Athen für sich zu gewinnen, indem er den Athenern Geld anbietet. Die Athener Bürger lehnen ab. Demosthenes erliegt der Versuchung und nimmt das Geld an, was dazu führt, dass viele ihn als Agent Persiens zukünftig ablehnen. Demosthenes verwendet das Geld zum Waffenkauf, insbesondere für das befreundete Theben. Leider nutzte das auch wenig, denn Alexander stürmt Theben und zerstört es komplett bis auf die Tempel. Alexander verlangte die Auslieferung von Demosthenes. Dieser wendet sich in einer

Rede an die Makedonier und vergleicht die Auslieferungsforderung mit dem Vorschlag „eines Wolfes, der einer Schafherde Frieden anbietet unter der Bedingung, dass sie ihm Hirten und Schafshunde ausliefert". Daraufhin verzichtet Alexander auf die Auslieferung und lässt fortan Athen in Frieden.

Im Jahre 330 v.Chr. wird der verschobene Antrag zur Verleihung des Goldenen Kranzes an Demosthenes wieder auf die Tagesordnung gesetzt. Sein Widersacher Äschines widerspricht nun erneut dem Antrag und es ergibt sich eine Redeschlacht zwischen den beiden Rivalen, so wie die Antike ihn bisher noch nicht erlebt hatte. Aus allen Teilen Hellas strömen die Menschen herbei, um diesen Redekampf mitzuerleben. Die Rede von Demosthenes gilt seither als die vollkommenste Rede der Antike. David Hume, der wohl bekannteste englische Philosoph sagt: "Unter allen menschlichen Geisteswerken nähert sich die Rede von Demosthenes dem Ideal der Vollkommenheit am nächsten." Hier einige Teile dieser „Jahrtausendrede" in der es zuerst um die Entscheidung vor der Schlacht von Chäronea handelt:

„Es war Abend. Da kam ein Bote mit der Nachricht von der Besetzung von Elatea. Sofort wurde Alarm geschlagen und die ganze Stadt war in Bewegung. Am nächsten Morgen wurde der Rat in das Stadthaus gerufen. Nachdem der Bote seinen Bericht erstattet hatte fragte der Herold „Wer begehrt das Wort?" Alle schwiegen obgleich der Herold seine Frage mehrmals wiederholte. Niemand meldete sich, obgleich alle Strategen anwesend waren und die Stimme des

ganzen Vaterlandes nach einem Verteidiger rief. Freilich erforderte jener Tag nicht bloß einen patriotische gesinnten Mann, sondern auch einen solchen, welcher von Anbeginn den Ereignissen mit Aufmerksamkeit gefolgt war und die Pläne und Ziele des Philipp begriffen hatte.... Als dieser Mann nun trat ich an jenem Tage auf."

An dieser Stelle wiederholt Demosthenes seine damalige Rede und führt nach einigen Sätzen der Begründung aus:

"Damals war also die rechte Zeit für einen, der es mit dem Staat ehrlich meinte, mit gutem Rat nicht zurückzuhalten." Und nach einigen Sätzen *"und während du, Äschines, zu jener Zeit stumm in der Versammlung dasaßest, da stand ich auf und sprach. Nun, was du damals unterließest, das hole ich jetzt nach. Sprich, welches Mittel, das sich mir darbieten musste, und welchen Umstand, der dem Staat günstig war, habe ich verabsäumt? Wo ist das Bündnis, wo die Maßregel, wozu ich das Volk eher hätte veranlassen sollen?"* Und einige Gedanken später: *"Weil er"*, damit meint er Äschines, *"der nun den Ausgang der Sache mit solchem Nachdruck hervorhebt, so will ich eine Bemerkung nicht unterdrücken, so befremdlich sie auch immer zu erscheinen mag. Möge aber bei Zeus und allen Göttern an meiner Kühnheit niemand Anstoß finden, sondern meine Worte mit Wohlwollen in Erwägung ziehen. Gesetzt nämlich, allen war die Zukunft offenbar und alle wussten sie im voraus, und du sagtest sie vorher, Äschines, und riefest laut und vernehmlich Himmel und Erde an, obgleich du nicht den Mund auftatest: selbst dann musste der Staat bei diesem seinem Entschluss beharren, wenn er anders an seinen Ruhm und an*

seine Ahnen und an das Urteil der Nachwelt dachte. Jetzt heißt es nur, die Sache ist ihm misslungen, was ja allen Menschen passieren kann, wenn es den Göttern so gefällt. Im anderen Falle hingegen, wenn er diesen Posten aufgegeben hätte, den er aus freiem Antrieb an der Spitze der Hellenen einnahm, dann hätte ihn der Vorwurf getroffen, alle an Philipp verraten zu haben".

Demosthenes redet über vier Stunden und die Anklage des Äschines wird abgelehnt. Äschines verlässt daraufhin Athen und gründet später die erste Rednerschule auf Rhodos, denn auch seine Anklagerede war hervorragend und wird als einer der „ drei Grazien" unter den Reden der Antike bewertet. Als er die Rede des Demosthenes später seinen Schülern vorliest und sieht, welchen Eindruck diese hinterlässt, soll er gesagt haben: "und nun hättet ihr den Stimmgewaltigen erst selber hören sollen." Demosthenes wird also zum zweiten Mal mit dem Goldenen Kranz beim Fest des Dionysos vor allem Volk ausgezeichnet.

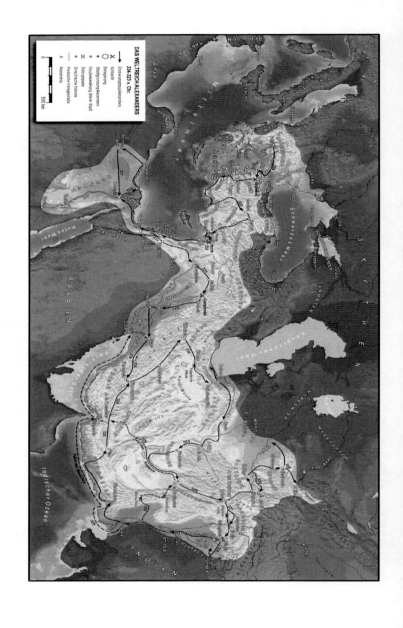

|*Praxis Tipps!*| **Argumentation nach Toulmin**
- Wie argumentiere ich logisch? -
In den Zeiten des Demosthenes waren es die Sophisten - „die Weisheitsbringer" -, die durch den Unterricht der Rhetorik und Argumentation Bürger durch eine private Ausbildung in Führungspositionen brachten. Bekannt waren hier besonders Protagoras und Gorgias. Diese Lehrer negierten das Vorhandensein einer objektiven Wahrheit und begründeten die Argumentation einer relativen Wahrheit. Im 2. Jahrhundert nach Christus wurde dann diese Lehrkultur im Römischen Reich weitergeführt. Stephen Edelston Toulmin, geb. 1922 in London, ist sozusagen der aktuelle Interpreter dieser Lehre. Durch sein Buch „The Uses of Argument" aus dem Jahre 1958 gilt er als der Begründer der modernen Argumentationstheorie. Toulmin lehrt als Professor an der „University of Southern California". Sein System ist auch die Basis der argumentativen Ausbildung in der Deutschen Rednerschule, denn durch sein Modell lassen sich die verschiedenen Formen von Argumenten, wie sie die formallogische Argumentationsanalyse definiert, leicht und übersichtlich darstellen.

Bei Toulmin wird eine These auf zwei unterschiedlichen Ebenen belegt: Auf der Ebene der Daten, Fakten, Quellen, Beispiele und auf der Ebene der Schlussregel und Stützen. Letztere gilt sozusagen als „Obersatz". Ist dieser ungültig, ist die komplette Argumentation nicht haltbar. Sind beide Ebenen jedoch begründbar, so führt die Argumentation letztendlich zur Conclusio, zum Ergebnis. Hierzu ein einfaches Beispiel, was auch von Toulmin selber gerne gebraucht wird.

Die These lautet: „Harry ist Brite" und die Begründung bzw. das Datum hierzu, „Harry wurde auf den Bermudas geboren". Diese Begründung braucht natürlich einen Beweis, eine Stütze. Wir, in der Deutschen Rednerschule, unterscheiden hier, entgegen Toulmin, in eine Sachstütze, z.b. seine Geburtsurkunde und eine Ankerstütze: „er trägt im Sommer immer Bermudashorts." Hierbei ist die Sachstütze unbedingt logisch dem Datum zuzuordnen, die Ankerstütze nur plausibel. Oftmals lassen sich Zuhörer von der Plausibilität "verführen", wenn die Sachstütze nur einigermaßen richtig bewiesen erscheint. Nun kommt es auf die alles entscheidende Schlussregel an, die lauten kann: „Alle, die auf den Bermudas geboren sind, sind britische Staatsbürger." Nur, wenn diese Regel gilt, wird natürlich auch die These zu einer Conclusio. Aber auch die Schlussregel braucht eine Stütze, einen Beweis: hier das Statut von Westminster vom 11.12.1931. Toulmin kennt jedoch eine Möglichkeit, diese so logische komplette Argumentation zu Fall zu bringen, und zwar durch die Konstruktion einer Ausnahme. In unserem Fallbeispiel könnte Harry exterritorial in einer Botschaft zur Welt gekommen sein und damit von Beginn an eine andere Staatsbürgerschaft inne gehabt haben etc. Jeder von uns kennt doch den Spruch: Keine Regel ohne Ausnahme. Diese Aussage scheint eine allgemeine Akzeptanz zu haben, wird doch die allgemeine Norm „du darfst nicht töten" zum Beispiel im Krieg zu einem imperativen Muss umgewandelt. Und wie geht der Redner mit diesem Modell um?

Die rhetorische Reihenfolge ist durch dieses Schema nicht vorgegeben. Der Redner kann sowohl mit der These beginnen und über Daten und Schlussregel zur Conclusio führen, kann jedoch auch mit der Schlussregel starten und dann natürlich über Daten und Stützen zur Conclusio gelangen. Sinnvoll ist es jedoch, den Weg der Konstruktion einer

Ausnahme zu verbauen, und zwar durch eine eigene Einwandvorausnahme, die selber dann widerlegt werden muss. Worauf sollten sie achten:
1. auf die präzise Formulierung der These, denn diese könnte von ihren Zuhörern zuerst angegriffen werden. Geschwächt wird die These durch die Einführung von Modaloperatoren, gerne von mir auch „Weichmacher" genannt, wie vermutlich, eigentlich, wahrscheinlich, eventuell etc.
2. auf die Beweisbarkeit der Daten mittels Fakten und den dazugehörigen Quellen. Je seriöser die Quellen sind, je akzeptabler sind auch die Fakten.
3. auf die Konstruktion einer Ankerstütze, die beim Publikum eine nachvollziehbare Assoziation (rechtes Gehirn) erzielen kann.
4. auf die Darlegung einer von den meisten Zuhörern akzeptablen Schlussregel, denn diese ist, besonders im Bereich der allgemeinen Normen, angreifbar und damit wäre dann die komplette Argumentation unhaltbar. Nehmen sie als Beispiel das Thema „Tempolimit auf den Autobahnen". Hier setzen die Gegner die Schlussregel „Freie Fahrt für freie Bürger" und die Befürworter „das menschliche Leben zu erhalten ist das höchste Gut". Hierüber lässt sich nun in Talkrunden trefflich streiten. Was sagen die Sophisten: "Es gibt nicht die absolute Wahrheit, nur die relative Wahrheit und diese ist jeweils unterschiedlich begründbar." Widerlegbar scheint dieser Satz in den Bereichen der Naturwissenschaften. Aber auch hier kennen wir radikale Paradigmenwechsel. Denken sie an die lange Diskussion „Ist die Erde eine Scheibe oder eine Kugel", die vielen Menschen im Altertum das Leben gekostet hat. Denken sie an die Einsteinsche

Relativitätstheorie oder die spätere Quantenmechanik. Auch diese „Wahrheiten" können sich eines Tages als „scheinbare Wahrheiten" herausstellen.
und nennen sie mögliche Ausnahmen und widerlegen sie diese. Damit vermeiden sie meistens langatmige Diskussionen und demonstrieren Beziehungsakzeptanz.

Bei Diskussionen achten Sie immer darauf, auf welcher Seite der Argumentationsstruktur ihre Gegner argumentieren: auf der Datenseite oder im Bereich der Schlussregel. Auf der Datenseite benötigen sie Fachwissen, auf der Seite der Schlussregel sind langatmige und erfolglose Diskussionen vorhersehbar. Spezialisten retten sich daher meistens durch Fakten, „Generalisten" wechseln schnell auf die Seite der Schlussregel.

Argumentationsmodell

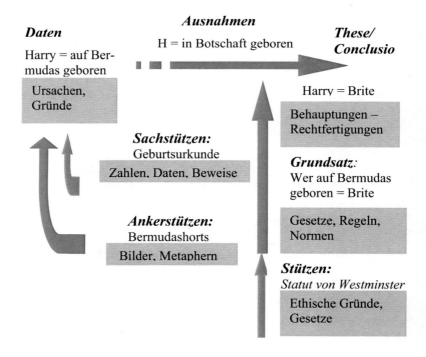

Die Kunst der optimalen Argumentation

Es war einmal ein mächtiger König, der träumte eines Nachts, dass er bald alle Zähne verlieren werde.
Voller Sorge befahl er seinen Traumdeuter herbei und fragte ihn um Rat.
„Oh mein Gebieter", sagte dann dieser zu ihm, „ich muss dir eine traurige Mitteilung machen: alle deine Angehörigen werden sterben. Einer nach dem anderen."
Da wurde der König sehr zornig und verbannte seinen Traumdeuter auf eine ferne Insel.
Danach befahl er einen anderen Traumdeuter zu sich. Dieser hörte sich den Traum an und sagte: „Ich bin sehr glücklich, großer Herrscher, dir eine freudige Mitteilung machen zu können: Du wirst älter werden als alle deine Angehörigen. Du wirst sie alle überleben."
Der König war über diese Botschaft sehr erfreut und beschenkte seinen Traumdeuter mit Gold und Edelsteinen.

Die Redewettstreite für politische Junioren

Bonn, 18.03.1987 n.Chr.

1. Wettstreit: **Gewinner: Junge Liberale**
Zum ersten Mal findet in Bonn ein Rednerwettstreit für politische Junioren in der Landesvertretung von Nordrhein Westfalen, direkt am Deutschen Bundestag gelegen, statt. Angetreten sind 12 Nachwuchspolitiker der Jungen Union, der Jusos, der Jungen Liberalen und der Jungen Grünen, alle im Alter zwischen 21 und 33 Jahren, darunter 4 Frauen. In 4 Wettbewerben treten sie gegeneinander an: 1. Vorstellungsrunde unter der Bewertung von Sprechtechniken, Körpersprache und guter Zeiteinteilung. 2. Eine „Amerikanische Debatte", bei der logisches Argumentieren und ein gezieltes kontern gefragt sind. 3. Wahlkampfrhetorik unter Einbeziehung des Publikums und 4. „Schlag auf Schlag", hier sind Dialektik und Fairness gefragt. Keine leichte Aufgabe, auch für die Jury unter der Führung des langjährigen Bundestagsabgeordneten und ehemaligen Bundestagspräsidenten Rainer Barzel, unterstützt von den Pressesprechern der Parteien Jürgen Merschmeier (CDU) Günther Verheugen (SDP), Lothar Mahling (FDP) und Michael Schroeren (Grüne). Ob es beim Schlagabtausch um Tierversuche oder Frauenpolitik geht - bei der Auslosung der gegnerischen Teams muss zum Leidwesen der Akteure Junge Union gegen Junge Liberale und Jungsozialisten gegen Grüne antreten - oder auch die soziale Marktwirtschaft das gewählte Thema ist, zeigen die meisten Teilnehmer eigentlich wenig Nervosität. Bei dem Teil „Überzeugen und Zwischenrufe behandeln" ist die Pub-

likumsbeteiligung allerdings so gewaltig, dass es so manchem Redner kaum gelingt, sich dagegen durchzusetzen. Nach 2 ½ Stunden steht fest: Die Jungen Liberalen haben mit 346 Punkten gewonnen, gefolgt von der Jungen Union (335 Punkte), Jusos (322 Punkte) und Grüne (292 Punkte). Die Meinung der Teilnehmer einstimmig: Diese Art der rhetorischen Förderung sollte weitergehen.

2. Wettstreit: **Gewinner: Die Grünen**
Und schon ca. ein Jahr später folgt dann auch schon, unter der Schirmherrschaft des amtierenden Ministerpräsidenten des Freistaates Bayern, Franz-Josef Strauss, der nächste Wettkampf - natürlich in der Bayerischen Landesvertretung in Bonn. Die politischen Gruppen sind gleich, die Akteure neu. Auch die Wettstreitinhalte haben sich etwas geändert: Neben den Wahlkampfreden kommen jetzt politische Interviews, eine Fernsehdiskussion und eine präzise den Regeln des Deutschen Bundestages angepasste Bundestagrede, präsidiert vom amtierenden Vizepräsidenten des Deutschen Bundestages, Dieter-Julius Cronenberg, hinzu. Sowohl die Interviews als auch die Fernsehdiskussion werden von bekannten Fernsehmoderatoren geleitet. Fazit: Die Wettstreite werden den aktuellen Anforderungen an einen zukünftigen Bundestagsabgeordneten angepasst. Die besten Redner sind zwei „Grüne". So beginnt der Grüne Sascha Rauschenberg mit einer Mischung aus Wahrheit und Ironie: "Sie wissen, wir sind die kleinste Partei, aber auch die schlimmste Partei und dies nicht nur zur Zeit" Ein Zwischenrufer: "Dann lösen Sie die Partei doch auf!" Antwort: "Da gibt es ein Problem,

Sie benötigen dafür eine Zweidrittelmehrheit und die kriegen Sie nicht!" Übrigens: Die Grünen Gewinner Sascha Rauschenberg und Ralf Korpat vertreten bei den Grünen die Parteiflügel Realos und Fundis. Der Redner der Jungen Union, Herman Gröhe, wird später Bundesvorsitzender der Jungen Union, dann Bundestagsabgeordneter und 2008 Staatsminister im Bundeskanzleramt.

3. Wettstreit: **Gewinner: Die Jusos**
Am Vorabend des 40jährigen Bestehens des Deutschen Bundestages, am 6.9.1989, folgt der 3.Wettstreit in der Landesvertretung von Schleswig Holstein. Der Ablauf hat sich zwischenzeitlich nicht geändert, allerdings die Gewinner/Verliererliste. Gewinner sind die Jusos mit 475 Punkten und, weit abgeschlagen dieses Mal, die Grünen mit 278 Punkten.

4. Wettstreit: **Gewinner: Junge Liberale**
Der letzte Wettstreit für Junioren, der in Bonn stattfindet, startet am 22.10.1992 in der Landesvertretung von Baden-Württemberg. Seine Begrüßung beginnt Peter H. Ditko mit den Worten:

"Meine sehr verehrten Damen und Herren. Der erste offizielle Inhaber eines Lehrstuhles für Rhetorik, der Römer Markus Tullius Cicero, scheint die Amtsstellen der Bundesrepublik Deutschland des Jahres 1992 schon sehr gut voraus gekannt zu haben wenn er sagt „Welches größere und bessere Geschenk können wir dem Staat darbringen, als

wenn wir die Jugend unterrichten und fördern." Der Schwerpunkt meiner Erkenntnis in diesem Hinweis liegt auf dem Wort „Geschenk", denn zahlen wollte der Staat für unsere heutige Veranstaltung nicht. So fühlen Sie sich bitte, meine Damen und Herren, heute Abend im Sinne von Cicero als Schenkende. Herzlich willkommen zum 4. Deutschen Redewettstreit."

Und dann wird gestritten über Themen wie: Brauchen wir noch die Bundeswehr? Sollte man „weiche" Drogen liberalisieren? Parteien in der Krise, Was nun? Was ist mit unserer Asyl- und Ausländerpolitik? Gewinner des Abends sind die Jungen Liberalen, gefolgt von Jusos, Junge Union und Grünen.

5. Wettstreit: **Gewinner: Junge Liberale**
Wir schreiben das Jahr 1993, also das dritte Jahr nach der Wiedervereinigung. Noch ist die große Politik nicht in Berlin präsent aber die Zukunft liegt hier, in Berlin. Und so findet der 5.Wettstreit im „Roten Rathaus" unter der Schirmherrschaft des Regierenden Bürgermeisters, Eberhard Diepgen, erstmals in der Hauptstadt statt. Auch jetzt bleibt der Ablauf weitgehend wie in den Vorjahren bestehen, doch die Jury hat sich geändert. Hier sind die Chefredakteure der Sender RIAS Berlin, ARD Studio Berlin, Sender Freies Berlin, Ostdeutscher Rundfunk gefragt. Und immer noch leitet Dieter-Julius Cronenberg, amtierender Vizepräsident des Deutschen Bundestages, die Bundestagsreden. Gewinner sind die Jungen Liberalen. Unter Ihnen eine junge Frau,

Silvana Koch-Mehrin, später stellvertretende Vorsitzende der Jungen Liberalen und ab 2004 Mitglied im Europaparlament.

6. Wettstreit: **Gewinner: Junge Liberale**
Erst im Oktober 2004 wird der nächste Wettbewerb für den politischen Nachwuchs in Berlin, wieder einmal in der Bayerischen Landesvertretung, durchgeführt. Der Grund? In den dazwischen liegenden Jahren werden die Wettstreite innerhalb der Bundestagsabgeordneten veranstaltet. Hier scheint die Förderung vorrangig zu werden und, wie sich später herausstellt, auch sehr erfolgreich.

Zurück zum Oktober 2004. Wieder sitzen 16 junge Nachwuchspolitiker(innen) voller Hoffnung in dem wunderbaren Innenhof der Bayerischen Landesvertretung in Berlin. Jeweils vier von jeder Organisation. Als 1. Durchgang wieder die persönliche Vorstellung. Zeitvorgabe 1 Minute. Michelle Schumann von den Jusos benötigt 19 Sekunden.

„Meine Damen und Herren, Michelle Schumann, das bin ich. Ich bin 24 Jahre alt. Als Mädchen des Ruhrgebiets habe ich die Hände in den Sternen, die Beine auf dem Boden, die Gedanken bei der Gemeinschaft und mein Herz bei Schalke 04. Glück auf".

Das Publikum ist begeistert. Um kurz nach 22 Uhr steht das Ergebnis fest: Die beste Rednerin in der Einzelwertung ist eben jene Michelle Schumann von den Jusos. Das beste

Team stellen die Jungen Liberalen mit 227 Punkten. Der Generalsekretär der SPD Klaus Uwe Benneter, Mitglied der Jury, ist sichtlich zufrieden. „Das gibt Hoffnung" ist sein Fazit. Und der „Spiegel" titelt in seiner 43. Ausgabe: „Bennis Enkel"

Gewinnerteam Redewettstreit 2004: Junge Liberale

Beste Rednerin Redewettstreit 2004: Michelle Schumann

Demosthenes und die „schwarzen Konten"
Athen 324 v.Chr.

Demosthenes kämpft in den Reihen der antimakedonischen Partei. Wie viele Parteien hat diese, einen rechten, gemäßigten und einen linken, radikalen Flügel. Der rechte Flügel wird von Lykurg, auch einem der besten Redner vertreten und der linke Flügel durch Hypereides, einer der best bezahlten Logographen der Stadt. Lykurg, ein Freund von Demosthenes, der viel Ehrenwertes für die Stadt in den vergangenen Jahren, besonders auf finanziellem Gebiet für Athen getan hatte, stirbt nach schwerer Krankheit. Nun ist Hypereides, ein eher leichtlebiger Bürger, Demosthenes Widersacher in der Partei. Da kommt es zur „harpalischen Sache". Soll Athen sich gegen Alexander den Großen stellen oder nicht? Der Anlass: 324 v. Chr. hatte Alexander den Befehl gegeben, dass alle hellenischen Staaten ihre Verbannten wieder aufzunehmen hätten. Dieser Befehl allerdings war ein Bruch des Korinthischen Landfriedens von 337 v. Chr. Ein weiterer, wohl schwerwiegender Befehl Alexander des Großen war, ihn als Gott zu verehren. Beides lehnt Demosthenes ab. Allerdings ist Makedonien ein kaum zu schlagender Gegner, da Athen kaum noch Geld in der Staatskasse hat. Da erscheint eines Tages der Schatzmeister Alexander des Großen, Harpalos, in Athen und fordert Aufnahme. Er hatte die Staatskasse geplündert und sich ein Söldnerheer zusammengestellt. Er bietet nun Athen an, den Kampf gegen Alexander den Großen zu führen. Hypereides ist für diesen Plan, Demosthenes lehnt ihn strikt ab. Die Macht von Hypereides ist allerdings ausreichend, um Demosthenes zu überstimmen. Harpalos wird aufgenommen. Daraufhin fordert Alexander der Große unmissverständlich die Auslieferung von Harpalos. Da entscheidet sich Demosthenes für eine Verzögerungstaktik. Er bittet um eine spezielle Verhandlungsdelegation. In der Zwischenzeit nähme man Harpalos in Schutzhaft. Nach der Zustimmung von Alexander lässt man jedoch Harpalos fliehen, behält aber das Geld. Nun allerdings ist ein Teil des Geldes zwischenzeitlich verschwunden. Auch Demosthenes soll 20 Talente erhalten haben, deren Verwendung für die Staatskasse er allerdings nicht nachweisen kann. Und nun kommen alle seine Gegner aus der Deckung und Verlangen einen Prozess. Angeklagter: Demosthenes. Ein Riesenprozess mit 1503 Schöffen. Demosthenes ist nun schon auch 60 Jahre alt und, vor allem durch die langen Kriegsjahre, müde. Er verliert den Prozess und wird zu einer eigentlich geringen Geldstrafe von 50 Talenten verurteilt. Aber selbst diese Summe kann er nun nicht aufbringen. Und so muss er in die Verbannung gehen. Da verändert eine Nachricht die Welt: Alexander der Große ist tot. Jetzt beschließt Athen Demosthenes aufs ehrenvollste zurückzurufen. Sogar die geforderten 50 Talente gibt man ihm, damit er seine Schuld begleichen kann. Das ganze Volk ist auf den Beinen, als er wieder im Hafen von Athen ankommt.

Am Anfang geht kriegsmäßig alles gut, bis bei Krannon sich das Blatt wendet und die Hellenen besiegt werden. Athen ergibt sich und muss auf Befehl seine demokratische Verfassung ändern. Die Parteiführer werden qualvoll hingerichtet, Hypereides schneidet man die Zunge ab und Demosthenes flieht auf eine kleine Insel mit Namen Kalauria und versteckt sich dort im Poseidontempel. Die Sache wird bekannt und bevor man ihn festnehmen kann nimmt er Gift, das er in seinem Schreibgriffel immer bei sich hatte und stirbt. Mit ihm stirbt die Freiheit der ersten Demokratie.

1. Redewettstreit - Gewinner: Friedrich Merz

2. Redewettstreit - Peter H. Ditko am Rednerpult -

Die Redewettstreite für MdB's

Bonn, 16.01.1996 n.Chr.

Der 1. Wettstreit: **Gewinner: Friedrich Merz CDU**
Der 13. Deutsche Bundestag befindet sich in der Mitte seiner Wahlperiode. Rita Süssmuth ist Präsidentin, und Helmut Kohl hat ab Oktober 1994 seine 5. und letzte Amtszeit als Bundeskanzler. Die PDS ist nun mit ihren 4 Berliner Direktmandaten als Gruppe in den Bundestag eingezogen. Unter diesen auch Gregor Gysi. Rudolf Scharping hat es nicht geschafft, Helmut Kohl als Kanzler abzulösen und ist jetzt Vorsitzender der SPD Fraktion.

Um besonders die neuen Abgeordneten zu fördern, findet an diesem 16. Januar der erste Rednerwettstreit für Abgeordnete des Deutschen Bundestages im „Wasserwerk" statt. Die Schirmherrin ist die Bundestagspräsidentin und der Sitzungspräsident des Wettstreites ist der langjährige Vizepräsident Heinz Westphal. Schon um 19.30 Uhr ist der Sitzungssaal des Wasserwerkes voller Zuhörer und 17 Abgeordnete sind zum Wettstreit angetreten. 5 von der CDU/CSU, 6 von der SPD und 6 von den Bündnis90/Grüne. Einige von diesen „Streitbaren" werden Karriere machen: Armin Laschet wird 2005 Minister in Nordrhein-Westfalen, Matthias Berninger, mit seinen 23 Jahren der jüngste Abgeordnete im Deutschen Bundestag, wird 2001 Parlamentarischer Staatssekretär, Oswald Metzger, 1987 von der SPD zu den Grünen gewechselt, wird 1994-2002 haushaltpolitischer Sprecher der Bündnis 90/Grüne und Cem Özdemir, zwischenzeitlich wegen einer Bonusmeilen Affäre in das Europaparlament gewechselt, kandidiert 2008 als Parteivorsitzender der Grünen. Durch den Redewettstreit wird Friedrich Merz in der Bundestagsfraktion schnell bekannt und als Redner geschätzt. Schon 1998 wird er stellvertretender Fraktionsvorsitzender und in 2000 Fraktionsvorsitzender der CDU/CSU Fraktion.

Das Wettstreitziel ist es „aus dem Stand", d.h. ohne Vorbereitung, bürgerverständlich und in freier Rede ein Thema vorzutragen. Die Jury ist „hochkarätig" besetzt: Dr. Heiner Geißler, Joschka Fischer, Jürgen Möllemann und Peter H. Ditko. Gewinner ist Friedrich Merz. Hier seine Siegerrede, ohne jede Themenvorbereitung gehalten mit einer vorgegebenen Redezeit von 2 Minuten.

„Herr Präsident, meine Damen und Herren,
Sie stellen mir erneut ein außergewöhnliches Thema: Achtung und Respekt vor den Älteren im Parlament: zerstören diese Einstellungen die Streitkultur in der Politik?

Lassen Sie mich zunächst sagen: Wenn man als jüngerer Abgeordneter nach Bonn kommt, ist man erstaunt über die Offenheit, Freundlichkeit und Kollegialität unserer älteren Kollegen. Aber, werden die Neuen auch wirklich ernst genommen? Dürfen sie z.B. am Rednerpult reden - ihre eigene Rede halten, um ihren Respekt vor den Älteren in so einem Haus, wie beispielsweise hier im Wasserwerk zu bekunden? Nein, meine Damen und Herren, nicht in diesem Hause. Bis sie zum ersten Mal eine Rede im Deutschen Bundestag hal-

ten dürfen müssen sie warten, bis alle Älteren ihre Rede längst gehalten haben. Darum sage ich: Respekt ja, aber auch Streit. Und gerade mit den Älteren im Parlament muss Streit angefangen werden. Heiner Geißler sagt immer: Wer in der Defensive ist, muss Streit anfangen. Und wir Jüngeren sind in der Defensive. Und deshalb, meine Damen und Herren: Wir Jüngeren gehen ab heute in die Offensive. Herzlichen Dank"

Der 2. Wettstreit: **Gewinnerin: Antje Hermenau (Bündnis90/Grüne)**

Der 13. Deutsche Bundestag hat noch 8 Monate vor sich und die Mandatsträger bereiten sich schon auf die zukünftigen Wahlkampfauftritte vor. Da findet am 13. Januar 1998 erneut ein Redewettstreit, unter der Leitung der amtierenden Bundestagspräsidentin Rita Süssmuth und wieder im Wasserwerk in Bonn statt. Dieses Mal treten Abgeordnete des Deutschen Bundestages gegen den politischen Nachwuchs an. Alle sind gespannt, wer hier das Rennen macht. Die Jury besteht aus Dr. Heiner Geißler, Wolfgang Thierse, Joschka Fischer und Peter H. Ditko. Haben die Teilnehmer in der ersten Ausscheidungsrunde noch einige Minuten Vorbereitungszeit für eine dreiminütige Rede, müssen die sechs Bestplazierten eine Spontanrede zu einem Thema halten, welches das Publikum in der Wettstreitpause vorgeschlagen hat. Für diese Runde haben sich die MdB's Armin Laschet (CDU), Hans Peter Michelbach (CSU), Brunhilde Irber (SPD) und Antje Hermenau (B90/Die Grünen) platzieren können. Von den Jugendorganisationen sind noch zwei

Teilnehmer dabei: Frank Gotthardt (JU) und Nadja vom Scheidt (GAJB). Gewinnerin ist: Antje Hermenau. Sie bleibt bis 2004 MdB und legt das Mandat nieder, nachdem sie im Sächsischen Landtag zur Fraktionsvorsitzenden der Fraktion der Grünen gewählt wird.

Hier die Spontanrede:

"Frau Präsidentin, meine Damen und Herren,
es gibt wirklich wichtige Themen, die wir in Deutschland besprechen müssen. Eines wird hier vorgestellt, nämlich „die Bedeutung des Schweinebratens für die Politik in Deutschland". Ich weiß, dass es ein ausgesprochen wichtiges Thema ist und ich erkläre Ihnen auch, warum, denn wir haben in diesem Parlament, wie ich Ihnen schon heute ausgeführt habe, sehr viel ältere Herren. Aus Ihrer Erfahrung heraus, meine Damen und Herren, wissen Sie wahrscheinlich auch, dass die älteren Herren beim Bier und beim Essen besonders kommunikativ sind. Wenn ich also ein Problem habe, was ich unbedingt lösen möchte, dann lade ich die älteren Kollegen zum Essen ein und das geht, bei BSE in Deutschland, eben nur mit Schweinebraten. Wir vertilgen den Schweinebraten, ich eß' etwas weniger, die Herren etwas mehr, wir trinken unser Bier. Dann sind wir schon vertrauter und dann besprechen wir in aller Ruhe das Problem, das es zu lösen gilt. Und am Ende hatten wir einen schönen Abend, alle sind satt, und haben kein BSE. Und wir haben unsere politischen Entscheidungen ordentlich unter Dach und Fach gebracht. Sie sehen: Das ist ein ausgesprochen

wichtiges Thema und ich danke Ihnen dafür, diese Rede halten zu dürfen."

Der 3. Wettstreit: **Gewinner: Gerald Häfner (Bündnis90/Grüne)**

Am 16.10.2001 startet der nächste Redewettstreit in der Bundespressekonferenz in Berlin. Hier, in diesem großen Presseraum stehen die Spitzenpolitiker beinahe täglich Rede und Antwort auf aktuelle Fragen. Dieses Flair überträgt sich auch auf den Wettstreit, der von n-tv übertragen wird. In der Jury sitzen Politiker wie Dr. Heiner Geißler, Friedrich Merz, Dr. Guido Westerwelle, Ottmar Schreiner als auch Chefredakteure der Fernsehsender. Dieses Mal können auch die Zuschauer am Fernsehschirm in der ganzen Republik über Chat abstimmen. Vertreten sind alle im Bundestag vertretenen Fraktionen - insgesamt 15 Teilnehmer gibt es. Bekannt geworden sind später Dirk Niebel, ab 2005 Generalsekretär der FDP, Petra Pau, ab 2006 Vizepräsidentin des Deutschen Bundestages und Dietmar Bartsch, ab 2007 Bundesgeschäftsführer der Partei Die Linke.

In dem Wettstreit gibt es zwei „Runden" in denen jeweils drei Themen aus der Themenbox gezogen werden z.B.:

Helmut Kohl und das Ehrenwort. Ehrenhaft oder schädlich für die politische Kultur in Deutschland?

Politik für junge Menschen attraktiv gestalten. Wie geht das?

Müssen wir den globalen Kapitalismus bändigen? Wenn ja, wie?

Enthoben, entflogen, abgehoben? Haben unsere Politiker noch genug Bodenhaftung?

Drei Minuten, ohne Vorbereitung. Da braucht es schon Erfahrung und auch Mut. Gewinner ist der Teilnehmer der Bündnis 90/Grüne, Gerald Häfner, mit 559 Punkten. Dieser war kurzfristig für den gemeldeten Cem Özdemir eingesprungen. Der 2. Platz geht an Norbert Barthle von der CDU/CSU. Der 3. Platz an Petra Pau von der PDS und der 4. Platz an Klaus-Peter Willsch von der CDU/CSU.

Der Weg der Rhetorik
- Athen, Rom, Paris, London, Washington, Berlin -
340 v.Chr. bis 1948 n.Chr.
Demosthenes ist tot, aber die Rhetorik lebt weiter. Auch das Reich Alexander des Großen zerfällt schnell nach seinem Tod, aber viele Teile der hellenischen Kultur bleiben erhalten. Überall wird die griechische Sprache gesprochen und es blühen griechische Wissenschaft und Kultur. Es entstehen neue philosophische Schulen, die alle in einem Zusammenhang mit Sokrates stehen. Besonders bekannt einerseits die Stoiker, die das Freisein von jeglicher Leidenschaft als Ideal darstellen und andererseits die Schule von Epikur, die in einer „vernünftigen Lust" ihre Richtung sieht. Beide philosophischen Richtungen nehmen natürlich Einfluss auf die Rhetorik, die ihren Weg in das nun entstehende römische Reich nimmt.

Rom
Die hellenische Kultur ist in Unteritalien und Sizilien so verbreitet, dass man dieses Gebiet auch gerne als „Großgriechenland" bezeichnet. Einer der ersten „Nachfahren" von Demosthenes ist Cato (234-149 v.Chr.). Sein Leitspruch: „Habe die Sache selbst klar und fest, so kommt das Wort von selbst" wird auch später von Cicero gerne übernommen. Besonders sein Satz, mit dem er jede Senatsrede schloss: „Ceterum censeo Chartaginem delendam esse" (Im Übrigen bin ich der Meinung, dass Kartago zerstört werden muss) ist vielen Gymnasiasten auch noch heute bekannt. Dann wird im Jahre 106 v.Chr. Cicero geboren. Er widmet sich schon als junger Mann der Rhetorik, begleitet von dem

stoischen Philosophen Diodotus. Von ihm sagt Cicero: "Bei ihm übte ich mich mit besonderem Fleiß in der Dialektik, gleichsam der eng zusammengezogenen Redekunst, ohne welche die eigentliche Beredsamkeit nie erreicht werden kann." Täglich übt er sich im Deklamieren, sowohl auf lateinisch als auch auf griechisch. „Ich übte ohne Unterbrechung, ohne Abwechslung mit höchster Kraftanstrengung, ja des ganzen Körpers." Auch er besucht die diversen Rednerschulen, sowohl die attische Schule, als auch die asiatische Schule. Er wird so berühmt, dass er im Jahre 70 v.Chr. in den römischen „Amtsadel" berufen wird und eine Toga mit Purpurstreifen tragen darf. Niemals jedoch hört er auf zu lernen. Noch auf der Höhe seines Lebens besucht er die Rednerschule des Gnipho. Im Jahre 64 v.Chr. wird er sogar Konsul von Rom. Im politischen Kampf gegen Cäsar allerdings muss er den kürzeren ziehen. Und er flieht. Aber schon nach 17 Monaten holt ihn das Volk von Rom wieder zurück. In der Folgezeit verfertigt er seine Hauptwerke: „De oratore", „Über den Redner", „De res publica", „Über den Staat" und „De legibus", „Über die Gesetze". Am 15. März 44 v.Chr. wird Cäsar mit 23 Dolchstichen ermordet. Cicero verteidigt die Mörder und will ihnen sogar eine Art Amnestie gewähren. Er wendet sich nun vehement gegen Marc Anton und hält seine „14 philippischen Reden", so von ihm nach Demosthenes benannt. Das ist sein Todesurteil. Am 7. Dez. 43 v.Chr. wird Cicero getötet. 57 seiner Reden und über 800 Schriften aller Art sind vollständig überliefert. Er wirkt bis in die Zeit der französischen Revolution hinein, in der Robespierre darauf stolz ist, in einem Spottvers den

Beinamen Cicero zu erhalten. Besonders bekannt sind seine drei Bücher über die Redekunst.

Paris

Und erst viel, viel später finden wir wieder herausragende Redner im Frankreich der Revolution. Einer der bekanntesten Redner der Nationalversammlung ist Graf Mirabeau (1749-1791). Eine Aussage von ihm ist sehr beeindruckend, nicht nur für seine Zeit. "Die Schönredner sprechen für die vierundzwanzig Stunden, die gerade ablaufen; echte Staatsmänner aber sprechen für die Zukunft. "Bereits 1759 wird ein weiterer Redner geboren: George Jacques Danton. Für den Tod des Königs Ludwig XVI stimmt er mit den Worten: "Wir werden ihn nicht hinrichten, sondern durch einen Beschluss töten." Beinahe gleichzeitig, nämlich 1758 wird der dritte große Redner, Maximilian Robespierre in Arras geboren. Er ist ein sehr einfacher Mensch und das Volk nennt ihn bald schon den „Unbestechlichen". Auch sein Freund, der etwas jüngere St. Just, ist ein bekannter Redner. In den Lehrunterlagen der Deutschen Rednerschule finden wir noch heute die Rede „St. Just vor dem Nationalkonvent" aus Büchners Drama „Danton". Ein Meisterstück der Rhetorik.

London

Von Athen, über Rom und Paris wandert die Rhetorik nach England. Dort gibt es nach der Regentschaft Heinrich des VIII. mit dem Führer des Parlaments Oliver Cromwell einen Wendepunkt. Er ist ein gewaltiger Redner und beschließt seine Reden meistens mit einem Bibelspruch, teilweise schon sehr selbstherrlich: „Die Redner machen bloß

Worte, meine Aufgabe aber ist es, von Tatsachen zu reden, so will es Gott von mir." Später muss Wilhelm von Oranien in der „Declaration of rights" zusichern, „dass die Freiheit der Rede und der Debatten und Verhandlungen im Parlament in keinem Gerichtshofe oder Platze außerhalb des Parlaments angefochten oder in Frage gezogen würden dürfe". Das ist der Erfolg der Revolution von 1688. In dieser Zeit der Parlamentsredner fällt William Pitt und später auch seine Söhne, insbesondere William Pitt der Jüngere auf. Alle sind Bewunderer des Atheners Demosthenes. Pit der Jüngere ist übrigens der Erschaffer der Partei der Tories.

Washington- USA

Und mit den „Pilgervätern" zieht die freiheitliche Rhetorik 1620 in die neue Welt - nach Amerika. Und sie erkämpften sich unter Washington und Franklin ihre endgültige Unabhängigkeit von dem alten Kontinent. Aber eine andere Unfreiheit hatte sich, besonders im Süden, breit gemacht: Die Sklaverei. Der Führer im Kampf gegen sie ist Abraham Lincoln (1809-1865). Bekannt wird er als Redner durch seine sog. „Baumstumpfreden", die unter freiem Himmel von ihm gehalten werden. Später, als Präsident, feuert er mit seinem Kampfesreden immer wieder seine Soldaten an und er wird, nach dem Sieg, erneut Präsident der Vereinigten Staaten. Aber das Problem ist damit nicht gelöst bis viele, viele Jahre später, ein schwarzer Prediger und Bürgerrechtler am 28. August 1963 vor dem Lincoln Memorial vor über 250.000 Zuhörern eine Rede hält, die als Meisterwerk unter der Überschrift „I have a dream" bekannt wird. Dr. Martin Luther King. Diese Rede legt die Finger in die blutenden

Wunden. Sie ist anklagend, aber nicht rassistisch. Ja sie ist versöhnend und mit dem Stilmittel des „Anaphers" wird sie niemals in Vergessenheit geraten. Hier einige Auszüge:

....Vor hundert Jahren unterzeichnete ein großer Amerikaner, in dessen symbolischen Schatten wir heute stehen, die Emanzipationsproklamation. Er kam wie ein freudiger Tagesanbruch nach der langen Nacht der Gefangenschaft.

Aber hundert Jahre später ist der Neger immer noch nicht frei. Hundert Jahre später ist das Leben des Negers immer noch verkrüppelt durch die Fesseln der Rassentrennung und die Ketten der Diskriminierung. Hundert Jahre später schmachtet der Neger immer noch am Rande der amerikanischen Gesellschaft und befindet sich im eigenen Land im Exil.

....

So sind wir gekommen, diesen Scheck einzulösen, einen Scheck, der uns auf Verlangen die Reichtümer der Freiheit und die Sicherheit der Gerechtigkeit geben wird. Wir sind auch zu dieser Stätte gekommen, um Amerika an die grimmige Notwendigkeit des Jetzt zu erinnern.

Jetzt ist nicht die Zeit, in der man sich den Luxus einer Abkühlungsperiode leisten oder die Beruhigungsmittel langsam, schrittweisen Fortschritts einnehmen kann. Jetzt ist die Zeit, die Versprechungen der Demokratie Wirklichkeit werden zu lassen. Jetzt ist die Zeit, aus dem dunklen und trostlosen Tal der Rassentrennung aufzubrechen und den hellen Weg der Gerechtigkeit für alle Rassen zu beschreiten.

…… ……

Und das muss ich meinem Volk sagen, das an der abgenutzten Schwelle der Tür steht, die in den Palast der Gerechtigkeit führt: Während wir versuchen, unseren rechtmäßigen Platz zu gewinnen, dürfen wir uns keiner unrechten Handlung schuldig machen.

Lasst uns nicht aus dem Kelch der Bitterkeit und des Hasses trinken, um unseren Durst nach Freiheit zu stillen. Wir müssen unseren Kampf stets auf der hohen Ebene der Würde und Disziplin führen. Wir dürfen unseren schöpferischen Protest nicht zu physischer Gewalt herabsinken lassen. Immer wieder müssen wir uns zu jener majestätischen Höhe erheben, auf der wir physischer Gewalt mit der Kraft der Seele entgegentreten.

…… ……

Heute sage ich euch, meine Freunde, trotz der Schwierigkeiten von heute und morgen habe ich einen Traum. Es ist ein Traum, der tief verwurzelt ist im amerikanischen Traum. Ich habe einen Traum, dass eines Tages diese Nation sich erheben wird und der wahren Bedeutung ihres Credos gemäß leben wird: "Wir halten diese Wahrheit für selbstverständlich, dass alle Menschen gleich erschaffen sind."

Ich habe einen Traum, dass eines Tages auf den roten Hügeln von Georgia die Söhne früherer Sklaven und die

Söhne früherer Sklavenhalter miteinander am Tisch der Brüderlichkeit sitzen können.

Ich habe einen Traum, dass sich eines Tages selbst der Staat Mississippi, ein Staat, der in der Hitze der Ungerechtigkeit und Unterdrückung verschmachtet, in eine Oase der Gerechtigkeit verwandelt.

Ich habe einen Traum, dass meine vier kleinen Kinder eines Tages in einer Nation leben werden, in der man sie nicht nach ihrer Hautfarbe, sondern nach ihrem Charakter beurteilen wird.

Ich habe einen Traum, dass eines Tages in Alabama mit seinen bösartigen Rassisten, mit seinem Gouverneur, von dessen Lippen Worte wie Intervention und Annullierung der Rassenintegration triefen, dass eines Tages genau dort in Alabama kleine schwarze Jungen und Mädchen die Hände schütteln mit kleinen weißen Jungen und Mädchen als Brüdern und Schwestern. Ich habe einen Traum, dass eines Tages jedes Tal erhöht und jeder Hügel und Berg erniedrigt wird. Die rauen Orte werden geglättet und die unebenen Orte begradigt werden. Und die Herrlichkeit des Herrn wird offenbar werden, und alles Fleisch wird es sehen.
  Das ist unsere Hoffnung. Mit diesem Glauben kehre ich in den Süden zurück.
……………

So lasst die Freiheit erschallen von den gewaltigen Gipfeln New Hampshires. Lasst die Freiheit erschallen von den

mächtigen Bergen New Yorks, lasst die Freiheit erschallen von den hohen Alleghenies in Pennsylvania. Lasst die Freiheit erschallen von den schneebedeckten Rocky Mountains in Colorado. Last die Freiheit erschallen von den geschwungenen Hängen Kaliforniens. Aber nicht nur das. Lasst die Freiheit erschallen von Georgias Stone Mountain. Lasst die Freiheit erschallen von Tennesees Lookout Mountain. Lasst die Freiheit erschallen von jedem Hügel und Maulwurfshügel in Mississippi, von jeder Erhebung lasst die Freiheit erschallen.
....

Martin Luther King. Ein wahrer Redner für die Freiheit. Demosthenes wäre stolz auf seinen Nachfahren gewesen, Sehr, sehr stolz.
Übrigens: 45 Jahre später wird der erste Afroamerikaner zum Präsidenten der Vereinigten Staaten von Amerika gewählt. Barack Obama, ein brillanter Redner, der wie Martin Luther King, Massen durch sein Charisma in Bann ziehen kann. So jubeln ihm über 200.000 Zuschauer bei seiner Rede am 24.07.2008 in Berlin zu. Eine Begeisterungswelle, die noch nicht einmal die Veranstaltung der Fußballweltmeisterschaft in Berlin erzielen konnte.

Berlin
Die Reihe der amerikanischen Redner für die Freiheit ist lang. Uns allen noch im Ohr ist der Satz, den der amerikanische Präsident, John F. Kennedy, am 26. Juni 1963 in seiner Rede vor dem Rathaus Schöneberg in Berlin den Menschen zurief: *„Vor zweitausend Jahren war der stolzeste Satz „Ich*

bin ein Bürger Roms." Heute in der Welt der Freiheit, ist der stolzeste Satz „Ich bin ein Berliner". Und dann, gegen Ende der Rede: *„Alle freien Menschen, wo immer sie leben mögen, sind Bürger Berlins, und deshalb bin ich als freier Mensch stolz darauf sagen zu können „Ich bin ein Berliner!"*

Und so sind wir auf unserer Reise wieder dort angekommen, wo wir unsere Reise durch das Land der deutschen Rhetorik angetreten haben: Im Nachkriegsdeutschland.

Die Deutsche Rednerschule und der Förderkreis politische Rhetorik haben in diesen Jahren einiges für die Rhetorik getan: Die Tradition des „Goldenen Kranzes" durch die Auszeichnung „Goldenes Mikrofon" neu belebt, Redewettstreite, sowohl für Abgeordnete als auch für die Nachwuchspolitiker organisiert, Parlamentarische Abende veranstaltet und auf dem Seminarschiff „AGORA" in Berlin viele, viele Vortragsabende mit Ministern der Bundesregierung durchgeführt.

Ja, wir in Deutschland haben die Freiheit erhalten, zuerst im Westen und dann auch im Osten unseres Vaterlandes. Aber die Freiheit muss immer erneut erkämpft werden, und deshalb benötigen wir auch zukünftig:

Redner für die Freiheit.

Seminarschiff „AGORA"

phoenix - Gesprächsrunde
R. Dressler, R. Künast, Moderator A. Kähler, Dr. G. Gysi, D. Niebel, P.H. Ditko

Der Förderkreis politische Rhetorik feiert sein 30jähriges Bestehen

Am 17. Juni 2009 treffen sich in der Landesvertretung des Feistaates Sachsen um 13.30 Uhr der Botschafter a.D. und ehemaliges Vorstandsmitglied, Rudolf Dreßler, die Fraktionsvorsitzende Bündnis90/die Grünen und Frauenpersönlichkeit 2001, Renate Künast (MdB), der Fraktionsvorsitzende Die Linke und Redner des Jahres 2000 Dr. Gregor Gysi (MdB), der Generalsekretär der F.D.P. und Wettstreitteilnehmer 2001 Dirk Niebel (MdB) und der Sprecher des Förderkreises und Leiter der Deutschen Rednerschule, Peter H. Ditko unter der Leitung von phoenix Moderator Alexander Kähler zur Fernsehdiskussionsrunde „30 Jahre Förderkreis politische Rhetorik – wir ziehen Bilanz". Unter den Zuschauern sind auch viele interessierte Studenten der Fachbereiche Rhetorik und Politikwissenschaften der Universität Greifswald. Hier einige Statements: Dirk Niebel: "Wer etwas bewegen will, muss gut reden können" und „man kann immer noch etwas dazu lernen. Renate Künast: „Rhetorik gehört zum politischen Handwerk, das man beherrschen muss." Dr. Gregor Gysi: „ Rede keine Monologe, sondern führe ein Gespräch mit deinem Publikum" und „beherrsche deine Eitelkeit, sonst wirkst du arrogant". Rudolf Dreßler: „Ohne gute Rhetorik wirst du auch eine gute Ware nur schlecht verkaufen" und „Lerne in Bildern zu reden". Peter H. Ditko: „ohne Rhetorik keine freiheitliche Demokratie und ohne Demokratie keine freiheitliche Rhetorik" .

Die Sendung wurde am 7. Juli im Rahmen der Überschrift „30 Jahre politische Rhetorik" gesendet.

Literaturliste

Demosthenes
Demosthenes von Athen   Ein Leben für die Freiheit
Gustav Adolf Lehmann

Demosthenes spricht gegen die Brandung - Erzählungen
Herbert Zand

Geschichte der Redekunst
Adolf Damaschke

Demothenes - Kampf gegen Philipp
Jan Braunschweig

Demosthenes
Werner Jaeger

Demosthenes: Rede für Ktesiphon über den Kranz
Hermann Wankel

Demosthenes im 18. Jahrhundert
Ulrich Schindel

Philipp II. und Alexander der Große
Johannes Engels

Geschichte des Hellenismus
Johann Gustav Droysen

Literaturliste

Peter H. Ditko
Aktionstraining im Verkauf
Verlag Moderne Industrie

In Bildern reden
ECON Verlag

Frauen, die Karriere machen
ECON Verlag

Reden von A-Z
Deutscher Wirtschaftsdienst

Ob Gott wohl reden kann?
BoD Verlag

Haben Sie Fragen?
Internet: www.rednerschule.de
oder: e-mail: info@rednerschule.de

Zum Schluss etwas zum Schmunzeln:

Drei Leute disputierten heftig, wessen Beruf wohl der älteste sei. Der Chirurg sagte, seiner, weil Eva bekanntlich aus einer Rippe geschaffen wurde, die dem Adam herausoperiert worden war. Der Ingenieur sagte, seiner sei sogar noch älter, denn es stehe geschrieben, die Erde sei aus dem Chaos entstanden; und Ordnung ins Chaos zu bringen, das sei Aufgabe eines Ingenieurs. „Das ist alles richtig", sagte der Politiker, „aber wer schuf das Chaos?"